全本全注全译丛书

中华经典名著

马天祥◎译注

格言联璧 下

中华书局

接物类

"接物类"一章主要讲的是与他人相处时所要遵循的原则和应当回避的问题。这一章所讲的内容，大体上来看与上一章"敦品类"比较相似，然而"敦品类"主要讲的是在处事中应持有的大的原则和方向，而本章则更侧重于细节上的指导和告诫。本章主要告诉我们两条：一个是要时刻保持谦虚谨慎的态度；另一个是在与人相处时要拥有宽宏大量的气度。这两点在现实的人际交往中都是大有益处的。谦虚谨慎的态度，指的是无论自己处于什么场合，说话办事乃至表情神态都要谨慎小心。说话要做到大方得体，不可以谈论和揭穿他人隐私。神态表情也要做到庄重沉稳、温和有礼。宽宏大量的气度，指的是要心胸宽广，不仅能准确地辨认出事情的对与错，人格的高尚与卑劣，还要做到对的事能容得下、错的事也能容得下，君子能容得下、小人也能容得下。在此基础上，编者仍不忘告诫人们，在与人相处时要节制自己的欲望，时常进行自我反省。此外，如何知人、识人也是本章一则重要的内容，因为与什么样的人做朋友对个人品行的养成有很大影响。会知人、识人后，要尽量选择君子作为朋友，但也不要因此而过分痛恨小人。因为，每个人的身上都会有优点和缺点，君子也不会全无缺点，而小人也不会没有优点。因此，本章告诉人们在为人处世时既要坚持原则，又要合乎人情。"接物类"一章的诸

多思想对当下的待人接物仍是有指导意义的,是值得我们认真学习并努
力践行的。

　　事系暧昧①,要思回护他②,著不得一点攻讦的念头③;
人属寒微④,要思矜礼他⑤,著不得一毫傲睨的气象⑥。

【注释】

　　①暧昧(ài mèi):此处指隐私,不便公之于众的事情。

　　②回护:维护,袒护。宋罗大经《鹤林玉露》卷四"隆渊诗联"条:"古
　　　人是则曰是,非则曰非,明白正直,曾何回护。"

　　③攻讦(jié):攻击,揭发。《北齐书·刘贵传》:"性峭直,攻讦无所回避。"

　　④寒微:贫寒卑微。

　　⑤矜(jīn)礼:态度庄重,以礼相待。

　　⑥傲睨(nì):不用正眼看,态度傲慢无礼。

【译文】

　　对待他人的隐私,要想着有所维护,要不得一点攻击揭发的念头;对
待贫寒卑微的人,要想着以礼相待,要不得丝毫傲慢无礼的态度。

【源流】

　　清陈弘谋《五种遗规》之"史搢臣《愿体集》":"事系幽隐,要思回护
他,著不得一点攻讦的念头;人属寒微,要思矜礼他,著不得一毫傲睨的
气象。"按,史搢臣,名典,《格言联璧》此句当本于清代史典编撰之文句。

　　凡一事而关人终身①,纵确见实闻②,不可著口③;凡一
语而伤我长厚④,虽闲谈酒谑⑤,慎勿形言⑥。

【注释】

　　①关人终身:关乎他人终身命运。关人,关乎他人,与他人有关。

②确见实闻：亲眼看到，亲耳听到。

③著口：此处指开口乱讲。

④长厚：朴实敦厚。

⑤谑（xuè）：玩笑。

⑥形言：此处指说出来。

【译文】

凡是关乎他人终身命运的事，即便亲眼看到亲耳听到，也不要开口乱讲。凡是有损自己朴实敦厚的话，纵然是闲聊喝酒时的玩笑，也坚决不能说。

【源流】

明郭良翰《问奇类林》卷九："（祁尔光）又曰：'凡一事而关人终身，纵实见实闻，不可著口；凡一语而伤我长厚，虽闲谈酒谑，慎勿形言。'"按，《格言联璧》此句当本于明代祁尔光之语。

严著此心以拒外诱①，须如一团烈火，遇物即烧；宽著此心以待同群②，须如一片阳春，无人不暖。

【注释】

①严著此心：以严格的态度约束自己的内心。拒：抵挡，抵御。外诱：外界的诱惑。

②宽著此心：以宽和的态度修养自己的内心。同群：同伴，伙伴。

【译文】

以严格的态度约束自己的内心，以此来抵挡外界的诱惑，应当像一团烈火，遇到不良诱惑便立刻将其烧掉；以宽和的态度修养自己的内心，以此来对待同伴，应当像温暖的春天，将温暖带给每个人。

待己当从无过中求有过，非独进德①，亦且免患②；待人当于有过中求无过，非但存厚③，亦且解怨④。

【注释】

①非独进德：不只是为了提升自己的道德修养。进德，提升道德修养。《周易·乾卦》："文言曰：'君子进德修业。'"

②免患：免除灾祸。

③存厚：使心地宽厚。

④解怨：解除怨恨。《淮南子·泰族训》："今日解怨偃兵，家老甘卧，巷无聚人，妖菑不生。"

【译文】

对待自己应当从没有过错中寻找过错，这不只是为了提升自己的道德修养，这样做还可以使自己免除灾祸；对待他人应当从过错中寻找正确的地方，这不只是使自己心地宽厚，这样做还可以解除相互之间的怨恨。

【源流】

清陈弘谋《五种遗规》之"史搢臣《愿体集》"："待己者当从无过中求有过，非独进德，亦且免患；待人者当于有过中求无过，非但存厚，亦且解怨。"按，史搢臣，名典，《格言联璧》此句当本于清代史典编撰之文句。

　　事后而议人得失，吹毛索垢①，不肯丝毫放宽②，试思己当其局③，未必能效彼万一；旁观而论人短长，抉隐摘微④，不留些须余地，试思己受其毁⑤，未必能安意顺承⑥。

【注释】

①吹毛索垢（gòu）：犹吹毛求疵，故意挑剔他人的缺点，寻找差错。《韩非子·大体》："不吹毛而求小疵，不洗垢而察难知。"

②放宽：宽容。

③试思：试想。当其局：身在其中。

④抉（jué）隐摘微：故意寻找细小的错误，苛求他人。抉，挑选，挑剔。

摘，选取，摘取。

⑤毁：诋毁，攻击。

⑥安意顺承：心平气和地接受。安意，心平气和。顺承，接受。

【译文】

事情结束之后评论他人得失，吹毛求疵，没有丝毫的宽容，试想自己如果身在其中，未必能做到他人的万分之一；处于旁观地位评论他人好坏，苛求他人，不留丝毫余地，试想自己如果遭到这般诋毁，未必能心平气和地接受。

【源流】

清陈弘谋《五种遗规》之"唐翼修《人生必读书》"："局外而訾人短长，吹毛索垢，不留些子余地，试以己当其局，未必能及其万一。"按，唐彪，字翼修，《格言联璧》此句当化用清代唐彪编撰之文句。

遇事只一味镇定从容，虽纷若乱丝，终当就绪①；待人无半毫矫伪欺诈②，纵狡如山鬼③，亦自献诚④。

【注释】

①就绪：安排妥当。《诗经·大雅·常武》："不留不处，三事就绪。"

②矫（jiǎo）伪：虚伪，虚假。

③纵狡（jiǎo）如山鬼：纵然像山里的精灵一样狡猾。狡，狡猾。山鬼，传说中山里的精灵鬼怪。

④献诚：拿出诚意。

【译文】

遇到事情只要保持从容镇定就好，纵然局面纷繁如乱丝，终究一切都会安排妥当；对待他人没有半点虚伪欺骗，纵然像山里的精灵一样狡猾，最终也会主动拿出诚意。

公生明，诚生明，从容生明。

【译文】

公正使人廉明，诚实使人清明，从容使人洞明。

【源流】

明吕坤《呻吟语》卷一："公生明，诚生明，从容生明。公生明者，不蔽于私也；诚生明者，清虚所通也；从容生明者，不淆于感也。舍是无明道矣。"

人好刚，我以柔胜之。人用术[①]，我以诚感之。人使气[②]，我以理屈之[③]。

【注释】

①术：此处指计谋，心计。

②使气：意气用事，任性而为。

③以理屈之：用道理说服他。屈，说服。

【译文】

别人刚强好胜，我用柔弱退让战胜他。别人好用计谋，我用真诚感动他。别人意气用事，我用道理说服他。

【源流】

清张培仁《静娱亭笔记》卷二："高道淳《最乐编》曰：'人用刚，吾以柔胜之。人用术，吾以诚感之。人使气，吾以理屈之。天下无难处之事矣。'"按，《格言联璧》此句当本于明代高道淳编撰之文句。

柔能制刚，遇赤子而贲育失其勇[①]；讷能屈辩[②]，逢暗者

而仪秦拙于词③。

【注释】

①赤子：婴儿。《尚书·康诰》："若保赤子，惟民其康乂。"贲育：战
　国勇士孟贲和夏育的并称。

②讷（nè）能屈辩：木讷少言能战胜能言善辩。讷，木讷，语言迟钝，不
　善言辞。《论语·里仁》："君子欲讷于言而敏于行。"辩，能言善辩。

③喑（yīn）：哑，不能说话，也有沉默不语的意思。仪秦：战国时辩士
　张仪和苏秦的并称。

【译文】

柔弱能战胜刚强，遇到柔弱的婴儿，即便孟贲、夏育那样的勇士也没
了刚强和勇猛；木讷少言能战胜能言善辩，遇到话都说不了的哑巴，即便
张仪、苏秦那样的辩士也不知道该说些什么。

困天下之智者①，不在智而在愚②。穷天下之辩者③，不
在辩而在讷。伏天下之勇者④，不在勇而在怯⑤。

【注释】

①困：使困窘，使窘迫。

②愚：此处指憨厚质朴。

③穷：使理屈词穷，哑口无言。

④伏：使屈服。

⑤怯：胆小，没勇气。

【译文】

使天下才智之士困窘的，不是智慧而是憨厚质朴。使天下能言善辩
之士理屈词穷的，不是善辩而是木讷少言。使天下勇猛之士屈服的，不
是勇猛而是怯懦。

【源流】

《关尹子·九药》："困天下之智者，不在智而在愚。穷天下之辩者，不在辩而在讷。"

以耐事^①，了天下之多事^②；以无心^③，息天下之争心^④。

【注释】

①耐事：此处指忍耐。

②了：除去。

③无心：此处指无争斗之心，即不争。

④息：平息。

【译文】

用忍耐，可以除去天下许多麻烦；用不争，可以平息天下许多纷争。

【源流】

清梁章钜《退庵随笔》卷二："（《吉人遗铎》中"应物"一门最多格言名论）又曰：'以耐事，了天下之多事；以无心，消天下之有心。'"按，《吉人遗铎》为朱醒崰所纂，故《格言联璧》此句当本于清代朱醒崰编撰之文句。

何以息谤？曰无辩；何以止怨？曰不争。

【译文】

如何平息诽谤？不用辩解即可；如何消除怨恨？不与他人争夺即可。

【源流】

《文中子·问易篇》："贾琼问：'何以息谤？'子曰：'无辩。'曰：'何以止怨？'曰：'无争。'"

人之谤我也，与其能辩，不如能容；人之侮我也，与其能防^①，不如能化^②。

【注释】

①防：提防，防范。

②化：此处指化解怨恨。

【译文】

别人诽谤我，与其辩解，不如宽容他人的诽谤；别人侮辱我，与其小心提防，不如主动化解彼此的怨恨。

【源流】

清陈弘谋《五种遗规》之"史搢臣《愿体集》"："人之谤我也，与其能辩，不如能容；人之侮我也，与其能防，不如能化。"按，史搢臣，名典，《格言联璧》此句当本于清代史典编撰之文句。

是非窝里^①，人用口，我用耳；热闹场中，人向前，我落后^②。

【注释】

①是非窝里：是非之地。

②落后：此处指退后。

【译文】

身处是非之地，别人用嘴说，我只用耳朵听；身处热闹场合，别人争着向前，我只甘愿退后。

观世间极恶事，则一詈一詈^①，尽可优容^②；念古来极冤人，则一毁一辱^③，何须计较。彼之理是，我之理非，我让之；彼之理非，我之理是，我容之。

【注释】

①一眚（shěng）一慝（tè）：一点儿罪过和奸邪。眚，过错。《周易·系辞上》："无咎者，善补过也。"慝，奸邪，邪恶。《周礼·匡人》："匡人掌达法则，匡邦国而观其慝，使无敢反侧，以听王命。"

②优容：宽容，包容。

③一毁一辱：一点儿诋毁和侮辱。

【译文】

看过了人世间那些最丑恶的事，自己所遭遇的一点儿罪过和奸邪，是完全可以包容的；想到自古以来那些蒙受巨大冤屈的人，自己所遭受的一点儿诋毁和侮辱，又何必再去计较。他有理，我没理，我便让着他；他没理，我有理，我便宽容他。

【源流】

清陈弘谋《五种遗规》之"史揖臣《愿体集》"："彼之理是，我之理非，我让之；彼之理非，我之理是，我容之。"按，史揖臣，名典，《格言联璧》"彼之理是"六句当本于清代史典编撰之文句。

能容小人，是大人①；能培薄德②，是厚德。

【注释】

①大人：此处指胸怀宽广的人。

②薄德：从点滴细微之处培养起来的德行。

【译文】

能包容小人，才是胸怀宽广的人；能从点滴细微之处培养起来的德行，才是深厚高尚的德行。

【源流】

清陈弘谋《五种遗规》之"史揖臣《愿体集》"："能容小人，是大人；能处薄德，是厚德。"按，史揖臣，名典，《格言联璧》此句当本于清代史典编撰之文句。

我不识何等为君子^①，但看每事肯吃亏的便是；我不识何等为小人，但看每事好便宜的便是^②。

【注释】

①何等：什么样的。

②好便宜：好占便宜，爱占便宜。

【译文】

我不知道什么样的人是君子，只要看每件事都肯吃亏的那个人便是；我不知道什么样的人是小人，只要看每件事都好占便宜的那个人便是。

【源流】

清陈弘谋《五种遗规》之"魏叔子《日录》"："我不识何等为君子，但看日间每事肯吃亏的便是；我不识何等为小人，但看日间每事好便宜的便是。"按，魏叔子，名禧，《格言联璧》此句当本于明末清初魏禧编撰之文句。

律身惟廉为宜^①，处事以退为尚^②。

【注释】

①律身：律己。律，约束。廉：此处指品行方正。

②尚：佳，好。

【译文】

律己以品行方正为宜，处事以谦逊退让为佳。

以仁心存心^①，以勤俭作家^②，以忍让接物。

【注释】

①以仁心存心：用仁爱存养心性，即心怀仁爱。存心，存心养性。

②作家：治家，持家。《晋书·食货志》："帝出自侯门，居贫即位，常
　　曰：'桓帝不能作家，曾无私蓄。'故于西园造万金堂，以为私藏。"

【译文】

心怀仁爱，勤俭持家，谦让待人。

径路窄处①，留一步与人行②；滋味浓底③，减三分让人
尝④。任难任之事⑤，要有力而无气；处难处之人，要有知而
无言⑥。

【注释】

①径路：道路。

②与人行：让别人能够通行。

③滋味浓底：美味佳肴。滋味，此处指美味。浓，香浓。

④减三分让人尝：留一些让别人尝尝。减三分，留一些。尝，品尝。

⑤任：承担。难任之事：难办的事。

⑥"处难处之人"二句：对待不易相处的人，要心里有数但嘴上不说。
　　处，对待。难处之人，不易相处的人。知，通"智"，智慧。

【译文】

道路狭窄的地方，要留出一步让别人能够通行；美味佳肴，要留一些
让别人有机会品尝。承担难办的事，要有能力而不要有怨气；对待不易
相处的人，要多用智慧而少说话。

【源流】

明吕坤《呻吟语》卷三："任难任之事，要有力而无气；处难处之人，
要有知而无言。"

清陈弘谋《五种遗规》之"史揖臣《愿体集》":"径路窄处,须让一步与人行;滋味浓底,须留三分与人食。"按,史揖臣,名典,《格言联璧》"径路窄处"四句当本于清代史典编撰之文句。

穷寇不可追也①,遁辞不可攻也②,贫民不可威也③。

【注释】

①穷寇(kòu):走投无路的贼寇。《逸周书·武称》:"追戎无恪,穷寇不格。"

②遁(dùn)辞不可攻也:搪塞掩饰的话不要批评驳斥。遁辞,因掩饰错误,或理屈词穷,或不愿以真意告诉他人时,用来搪塞的话。攻,批评,驳斥。

③威:此处指用威势欺压。

【译文】

穷途末路的敌人不要穷追不舍,搪塞掩饰的话不要批评驳斥,贫苦百姓不要用威势欺压。

【源流】

明吕坤《呻吟语》卷五:"穷寇不可追也,遁辞不可攻也,贫民不可威也。"

祸莫大于不仇人①,而有仇人之辞色②;耻莫大于不恩人③,而诈恩人之状态④。

【注释】

①不仇人:没有仇怨的人。

②辞色:语言和神态。

③不恩人:没有施与他人恩惠。

④诈(zhà)恩人之状态:装出一副有恩于人的姿态。恩人,有恩于人。状态,此处指姿态。

【译文】

最大的灾祸在于本来与人没有仇怨，却表现出对待仇人般的话语和神态；最大的耻辱在于本来没有施予他人恩惠，却装出一副有恩于人的姿态。

【源流】

明吕坤《呻吟语》卷三："祸莫大于不仇人，而有仇人之辞色；耻莫大于不恩人，而诈恩人之状态。"

恩怕先益后损，威怕先松后紧。

【译文】

施予恩惠最忌先多后少，彰显威严最忌先松后紧。

【源流】

明吕坤《续小儿语》："恩怕先益后损，威怕先松后紧。"

善用威者不轻怒，善用恩者不妄施①。

【注释】

①妄施：胡乱施舍。

【译文】

善于使用威严的人不轻易发怒，善于施予恩惠的人不胡乱施舍。

【源流】

明吕坤《呻吟语》卷五："善用威者不轻怒，善用恩者不妄施。"

宽厚者，毋使人有所恃①；精明者，不使人无所容②。

【注释】

①恃（shì）：倚仗。

②无所容：无地自容。

【译文】

宽厚的人，不要使别人有所倚仗；精明的人，不要使别人无地自容。

【源流】

明吕坤《呻吟语》卷五："圣人之宽厚，不使人有所恃；圣人之精明，不使人无所容。敦大中自有分晓。"

　　事有知其当变而不得不因者①，善救之而已矣；人有知其当退而不得不用者②，善驭之而已矣③。

【注释】

①变：此处指出现问题。不得不因：不得不顺其变化，即无力改变。
　因，依从，顺着。救，补救。

②退：此处指撤职，不任用。

③驭（yù）：驾驭，控制。

【译文】

知道事情应当改变而又无力改变时，只要善于补救就可以了；知道某人应当撤职而不得不任用时，只要善于驾驭就可以了。

【源流】

明吕坤《呻吟语》卷五："事有知其当变而不得不因者，善救之而已矣；人有知其当退而不得不用者，善驭之而已矣。"

　　轻信轻发①，听言之大戒也②；愈激愈厉③，责善之大戒也④。

【注释】

①发：发怒。

②大戒：最需要注意的问题。

③愈激愈厉：越激发鼓励越要求严格。厉，严格，苛刻。

④责善：劝勉向善。

【译文】

轻易相信别人的话并且轻易发怒，这是听人说话时最需要注意的问题；越激发鼓励越要求严格，这是劝勉他人向善时最需要注意的问题。

【源流】

明吕坤《呻吟语》卷三："轻言骤发，听言之大戒也。"

处事须留余地，责善切戒尽言。

【译文】

处理事情应当留有余地，劝人向善不可把话说尽。

施在我有余之惠①，则可以广德②；留在人不尽之情③，则可以全交④。

【注释】

①施在我有余之惠：将自己多余的财物施予他人，即尽我所能施予他人恩惠。惠，恩惠。

②广德：广修德行。

③留在人不尽之情：尽我所能多给他人留有情面。

④全交：保全交情，保全友谊。

【译文】

尽我所能施予他人恩惠，这样做可以广修德行；尽我所能多给他人留有情面，这样做可以保全交情。

【源流】

明吕坤《呻吟语》卷三："施在我有余之恩，则可以广德；留在人不尽之情，则可以全好。"

古人爱人之意多①，故人易于改过，而视我也常亲②，我之教益易行；今人恶人之意多③，故人甘于自弃④，而视我也常仇，我之言必不入⑤。

【注释】

①爱人之意：对他人心存关爱。

②视：看待。

③恶人之意：对他人心存恶意。

④甘于自弃：情愿自甘落后。甘于，情愿，宁愿。自弃，自甘落后，不求上进。《孟子·离娄上》："自暴者，不可与有言也；自弃者，不可与有为也。言非礼义，谓之自暴也；吾身不能居仁由义，谓之自弃也。"

⑤入：接受，采纳。

【译文】

古时之人对他人多心存关爱，所以教导他人时，他人易于改正过错，而且对教导者亲爱有加，因此教导者的教化更容易推行；如今之人对他人多心存恶意，所以教导他人时，他人情愿自甘落后，而且对教导者充满仇恨，因此教导者的劝告注定不会被接受。

【源流】

明吕坤《呻吟语》卷三："古人爱人之意多，今日恶人之意多。爱人，故人易于改过，而视我也常亲，我之教常易行；恶人，故人甘于自弃，而视我也常仇，我之言益不入。"

喜闻人过，不若喜闻己过①；乐道己善②，何如乐道人善。

【注释】

①闻己过：听自己的缺点和过失，即听别人指出自己的缺点和过失。

②道：此处指称道，夸赞。

【译文】

喜欢听别人的缺点和过失，不如喜欢听别人指出自己的缺点和过失；乐于夸赞自己的优点和功绩，哪里赶得上乐于夸赞别人的优点和功绩。

【源流】

明吕坤《呻吟语》卷二："与其喜闻人之过，不若喜闻己之过；与其乐道己之善，不若乐道人之善。"

听其言，必观其行，是取人之道①；师其言②，不问其行，是取善之方。

【注释】

①取人之道：选取人才的方法。取，选取，选拔。道，此处指方法。

②师：学习，效法。

【译文】

听他所说的话，一定要观察他的实际行动，这是选取人才的方法；学习他正确的话，不过问他的实际行动，这是向人学习优点的方法。

【源流】

明吕坤《呻吟语》卷二："听言观行，是取人之道；乐其言而不问其人，是取善之道。"

论人之非，当原其心①，不可徒泥其迹②；取人之善③，当据其迹，不必深究其心。

【注释】

①原:探究。其心:他心里所想,即他的本意。

②徒泥(nì)其迹:只拘泥于他的行为。徒,只,仅。泥,拘泥。迹,此处指行为。

③取:此处指学习。

【译文】

评论他人的过错,应当探求他的本意,不可只拘泥于他的行为;学习别人的善行,应当根据他的行为,不必深究他的本意。

【源流】

明张萱《西园见闻录》卷十六:"(敖公英)曰:'论人之过恶,当原其心,不可据其迹;取人之善,但当据其迹,不必诛其心。'"按,《格言联璧》此句当本于明代敖公英之语。

小人亦有好处,不可恶其人①,并没其是②;君子亦有过差③,不可好其人④,并饰其非⑤。

【注释】

①恶:厌恶,讨厌。

②并没其是:一并抹杀他的优点。没,抹杀,埋没。

③过差:过失差错,不足之处。

④好:喜欢,喜爱。

⑤饰:掩饰,掩盖。

【译文】

小人也有可取之处,不可因为厌恶他这个人,就一并抹杀他的优点;君子也有过失差错,不可因为喜欢他这个人,就一并掩盖他的缺点。

【源流】

明吕坤《呻吟语》卷四:"小人亦有好事,恶其人则并疵其事;君子亦有过差,好其人则并饰其非。皆偏也。"

小人固当远^①,然断不可显为仇敌^②;君子固当亲^③,然亦不可曲为附和^④。

【注释】

①远:疏远。

②显:表现。此处指视为。

③亲:亲近。

④曲为附和(hè):改变自己意愿而应和别人。曲,曲意,改变自己意愿。附和,应和他人言行。

【译文】

小人固然应当疏远,但断然不可视为仇敌;君子固然应当亲近,但也不可曲意附和。

【源流】

清陈弘谋《五种遗规》之"史搢臣《愿体集》":"小人固当远,然断不可显为仇敌;君子固当亲,然亦不可曲为附和。"按,史搢臣,名典,《格言联璧》此句当本于清代史典编撰之文句。

待小人宜宽,防小人宜严^①。

【注释】

①严:此处指周密谨慎。

【译文】

对待小人应当宽容大度,防范小人应当周密谨慎。

闻恶不可遽怒^①,恐为谗夫泄忿^②;闻善不可就亲,恐引奸人进身^③。

【注释】

①恶：此处指坏人坏事。遽（jù）：马上，立刻。

②谗夫：进谗言的人，爱说坏话的人。泄忿（fèn）：发泄愤怒。

③奸人：奸邪小人。进身：提拔，重用。

【译文】

听到坏人坏事不要马上发怒，因为这样做恐怕会被爱说坏话的人用来发泄他个人的愤怒；听到好人好事不要马上表示亲近，因为这样做恐怕会引来奸邪小人借机得到提拔重用。

【源流】

明洪应明《菜根谭》："闻恶不可就恶，恐为谗夫泄怒；闻善不可急亲，恐引奸人进身。"

先去私心，而后可以治公事^①；先平己见^②，而后可以听人言。

【注释】

①治公事：处理公务。治，处理，办理。公事，公务。

②平：此处指去除。

【译文】

先去除自己的私心，然后才能处理公务；先去除自己的成见，然后才能听取别人的话。

修己以清心为要^①，涉世以慎言为先^②。

【注释】

①修己：修养自身。清心：此处指内心清净。要：要点，重点。

②涉世:进入社会,经历世事。先:首要,重要。

【译文】

修养自身以内心清净为重点,进入社会以谨慎说话为首要。

恶莫大于纵己之欲,祸莫大于言人之非。

【译文】

最大的罪恶莫过于放纵自己的欲望,最大的灾祸莫过于谈论他人的过错。

【源流】

明高濂《遵生八笺》:"张氏曰:'祸莫大于纵己之欲,恶莫大于言人之非。'"按,文中张氏即张景岳,故《格言联璧》此句当本于明代张景岳之语。

人生惟酒色机关①,须百炼此身成铁汉②;世上有是非门户③,要三缄其口学金人④。

【注释】

①酒色:美酒和美色。机关:问题的关键。此处指酒色诱惑的考验。

②铁汉:刚正不阿,品行方正的人。《元史·张桓传》:"贼知终不可屈,遂刺之。年四十八。贼后语人曰:'张御史真铁汉,害之可惜。'"

③世上有是非门户:世上有着是非纷争的重要来源。是非,是非纷争。门户,大门。此处指产生是非的来源。

④要三缄(jiān)其口学金人:要学习金人那样说话谨慎。三缄其口,又作"金人三缄",汉刘向《说苑·敬慎》载:"孔子之周,观于太庙,右陛之前,有金人焉,三缄其口而铭其背曰:'古之慎言人也。'"以此来提醒人们要注意言语,说话谨慎。缄,封。金人,铜

铸的人像。此处指说话谨慎的人。

【译文】

人生存在美酒和美色这两大考验，要多加锤炼身心使自己成为经得住诱惑的铁汉子；世上有着是非纷争的重要来源，要学习金人那样说话谨慎。

【源流】

清梁章钜《楹联续话》卷二："（钱莲因）尝因伯冶（张伯冶）豪饮健谈，为手书楹帖于座右云：'人生惟酒色机关，须百炼此身成铁汉；世上有是非门户，要三缄其口学金人。'"按，钱守璞，号莲因；张骐，字伯冶，《格言联璧》此句当本于清代钱守璞为其夫张骐所书之座右铭。

工于论人者①，察己常阔疏②；狃于讦直者③，发言多弊病④。

【注释】

① 工于：长于，善于。

② 察己：检查反省自己。阔疏：粗疏大意。《汉书·贾谊传》："天下初定，制度疏阔。"

③ 狃（niǔ）于讦（jié）直者：惯于直言攻击别人的人。狃于，习惯于。《诗经·郑风·大叔于田》："将叔无狃，戒其伤女。"毛传："狃，习也。"讦直，不留情面地攻击他人的缺点和过失。《论语·阳货》："恶讦以为直者。"

④ 弊病：问题，漏洞。

【译文】

善于评论别人的人，检查反省自己常常粗疏大意；惯于直言攻击别人的人，说起话来常常存在大量问题。

【源流】

宋李幼武《宋名臣言行录外集》卷十三"张栻"条：《答郑自明书》云：'天理难穷，资质难恃。工于论人者，察己常疏阔；狃于讦直者，所发多弊病。'"按,《格言联璧》此句当本于宋代张栻之语。

　　人情每见一人,始以为可亲,久而厌生,又以为可恶,非明于理而复体之以情①,未有不割席者②。人情每处一境,始以为甚乐,久而厌生,又以为甚苦③,非平其心而复济之以养④,未有不思迁者⑤。

【注释】

①明于理:明白事理。体以情:以人之常情体之,即以人之常情互相体谅。体,体谅,原谅。

②割席:把坐席割开分坐,后指朋友断交。三国时管宁和华歆是同学,读书时两人合坐一张席,后来管宁鄙视华歆的人品,与他割席分坐。语出《世说新语·德行》:"尝同席读书,有乘轩冕过门者,宁读如故,歆废书出看。宁割席分坐曰:'子非吾友也。'"

③苦:此处指苦闷,无趣。

④平其心:使内心平和。济之以养:以修养心性作为辅助。济,辅助。养,修养心性。

⑤迁:搬迁,搬家。

【译文】

人之常情每见到一个人,开始时觉得亲切,时间长了便产生厌烦之感,进而又觉得厌恶可憎,不是明白事理并且又能以人之常情互相体谅的,没有不断交的。人之常情每身处一地,开始时觉得高兴,时间长了便产生厌烦之感,进而又觉得苦闷,不是内心平和并且又能以修养心性作为辅助的,没有不想着搬走的。

　　观富贵人,当观其气概,如温厚和平者①,则其荣必久②,

而其后必昌③;观贫贱人,当观其度量,如宽宏坦荡者④,则其福必臻⑤,而其家必裕⑥。

【注释】

①温厚和平:温柔敦厚,心气平和。

②荣:此处指富贵。

③后必昌:他的后代也必定昌盛发达。后,此处指后代子孙。昌,昌盛发达。

④宽宏坦荡:宽宏大度,心地坦荡。

⑤臻(zhēn):到来。

⑥裕:富裕,富足。

【译文】

观察富贵的人,应当观察他的气概,如果是温柔敦厚心气平和的人,那么他的富贵必定长久,他的后代也必定昌盛发达;观察贫贱的人,应当观察他的度量,如果是宽宏大度心地坦荡的人,那么他的福气好运必定会到来,他的家境也必定会富裕丰足。

【源流】

清陈弘谋《五种遗规》之"史搢臣《愿体集》":"观富贵人,当观其气概,如温厚和平者,则其荣必久,而后必昌;观贫贱人,当观其度量,如宽宏坦荡者,则其富必臻,而其家必裕。"按,史搢臣,名典,《格言联璧》此句当本于清代史典编撰之文句。

宽厚之人,吾师以养量①。慎密之人②,吾师以炼识③。慈惠之人,吾师以御下④。俭约之人,吾师以居家⑤。明通之人,吾师以生惠⑥。质朴之人,吾师以藏拙⑦。才智之人,吾师以应变⑧。缄默之人,吾师以存神⑨。谦恭善下之人⑩,吾师以亲师友⑪。博学强识之人⑫,吾师以广见闻。

【注释】

①师:学习。养量:培养度量。

②慎密:谨慎细密。

③炼识:锻炼辨别是非的能力。识,此处指辨别是非。

④御下:领导下属。御,领导,管理。

⑤居家:此处指操持家务。

⑥生惠:增长智慧。惠,同"慧",智慧。

⑦藏拙(zhuō):不显露自己的才能和技艺。此处指含蓄内敛。唐韩
　愈《和席八夔(kuí)十二韵》:"倚玉难藏拙,吹竽久混真。"

⑧应变:应对变故,即处理重要事件。《史记·太史公自序》:"非信
　廉仁勇不能传兵论剑,与道同符,内可以治身,外可以应变,君子
　比德焉。"

⑨存神:存养精神。

⑩谦恭:谦虚恭敬。善下:善于处下,即与人交往中能够以谦卑的态
　度对待他人。

⑪亲:此处指亲睦,亲爱和睦。

⑫博学强识(zhì):博学多才且记忆力好。博学,博学多才。强识,
　强记。记忆力好。《礼记·典礼上》:"博闻强识而让,敦善行而不
　怠,谓之君子。"

【译文】

　　宽宏大量的人,我向他学习以培养度量。谨慎细密的人,我向他学
习以锻炼辨别是非的能力。慈爱的人,我向他学习以领导下属。简朴的
人,我向他学习以操持家务。明白事理的人,我向他学习以增长智慧。
质朴的人,我向他学习以含蓄内敛。有才智的人,我向他学习以应对变
故。沉默少言的人,我向他学习以存养精神。谦虚恭敬的人,我向他学

习以亲睦师友。博学强记的人，我向他学习以广博见闻。

居视其所亲①，富视其所与，达视其所举②，穷视其所不为③，贫视其所不取④。

【注释】

①居：平时。

②达视其所举：显达时看他推举什么样的人。达，显达。举，推举，举荐。

③穷：此处指失意，不得志。

④取：此处指求取。

【译文】

平时看他都亲近什么样的人，富贵时看他都施恩给什么样的人，显达时看他都推举什么样的人，失意时看他不去做什么事，贫穷时看他不求取什么东西。

【源流】

《史记·魏世家》："李克曰：'君不察故也。居视其所亲，富视其所与，达视其所举，穷视其所不为，贫视其所不取，五者足以定之矣，何待克哉！'"按，《格言联璧》此句当本于战国李克之语。

取人之直①，恕其戆②。取人之朴，恕其愚。取人之介③，恕其隘④。取人之敏，恕其疏⑤。取人之辩⑥，恕其肆⑦。取人之信，恕其拘⑧。

【注释】

①取：取法，学习。

②恕其戆（gàng）：原谅他的憨厚率真。恕，原谅。戆，憨厚率真。

③介：耿直，刚正。

④隘（ài）：狭隘，无所含容。《孟子·公孙丑上》："孟子曰：'伯夷隘，柳下惠不恭。隘与不恭，君子不由也。'"汉赵岐注："伯夷隘，惧人之污来及己，故无所含容，言其大隘狭也。"

⑤疏：此处指疏远，不过分亲密且保持距离。

⑥辩：能言善辩。

⑦肆：放肆，放纵。

⑧拘：拘泥，刻板。

【译文】

学习他的直爽，就要原谅他的率真。学习他的质朴，就要原谅他的愚钝。学习他的耿直，就要原谅他的狭隘。学习他的机敏，就要原谅他的疏慢。学习他的能言善辩，就要原谅他的放肆。学习他的诚信，就要原谅他的刻板。

【源流】

清陈弘谋《五种遗规》之"王朗川《言行汇纂》"："取人之直，恕其戆。取人之朴，恕其愚。取人之介，恕其隘。取人之敏，恕其疏。取人之辩，恕其肆。取人之信，恕其拘。"按，王之铁，号朗川，《格言联璧》此句当本于清代王之铁编撰之文句。

　　遇刚鲠人①，须耐他戾气②。遇骏逸人③，须耐他妄气④。遇朴厚人，须耐他滞气⑤。遇佻达人⑥，须耐他浮气⑦。

【注释】

①刚鲠（gěng）：刚强耿直。鲠，耿直，刚直。

②戾（lì）气：此处指脾气暴躁强横。

③骏逸：此处指气度洒脱。

④妄气：此处指狂妄傲慢。

⑤滞（zhì）气：此处指愚钝呆板。

⑥佻（tiāo）达：此处指轻薄放荡。《初刻拍案惊奇》卷四："郑子佻达无度，喜狎游，妾屡屡谏他，遂至反目。"

⑦浮气：此处指轻浮不端。

【译文】

遇到刚强耿直的人，要忍耐他的暴躁强横。遇到气度洒脱的人，要忍耐他的狂妄傲慢。遇到质朴憨厚的人，要忍耐他的愚钝呆板。遇到轻薄放荡的人，要忍耐他的轻浮不端。

【源流】

明温璜《温氏母训》："汝与朋友相与，只取其长，弗计其短，如遇刚鲠人，须耐他戾气。遇骏逸人，须耐他妄气。遇朴厚人，须耐他滞气。遇佻达人，须耐他浮气。不徒取益无方，亦是全交之法。"按，温氏即温璜，《格言联璧》此句当本于明代温璜母陆氏之语。

人褊急①，我受之以宽宏②；人险仄③，我平之以坦荡④。

【注释】

①褊（biǎn）急：气量狭小，脾气暴躁。《诗经·魏风·葛屦》："《序》：'其民机巧趋利，其君俭啬褊急。'"

②受：接受，接纳。

③险仄（zè）：阴险邪恶。

④平：和好。此处指感化。

【译文】

别人气量狭小，我以宽宏大量接纳他；别人阴险邪恶，我以坦荡的胸怀感化他。

奸人诈而好名，其行事确有似于君子处；迂人执而不化①，

其决裂有甚于小人时^②。

【注释】

①执：固执。不化：不改变。

②决裂：此处指犯错。

【译文】

奸邪之人狡诈而喜好美名，他们有些方面做事确实和君子相似；迂腐之人固执而不知改变，他们有些时候犯错确实比小人还重。

持身不可太皎洁^①，一切污辱垢秽^②，要茹纳得^③；处世不可太分明^④，一切贤愚好丑^⑤，要包容得。

【注释】

①皎洁：此处指纯洁干净。

②污辱垢秽（huì）：此处指肮脏丑恶的事情。

③茹纳：包容，容忍。《诗经·大雅·烝民》："维仲山甫，柔亦不茹，刚亦不吐。"宋欧阳修《诗本义》卷二："茹，纳也。"

④分明：是非对错区分得清清楚楚。

⑤好丑：美丑。

【译文】

修身不可太过纯洁干净，一切肮脏丑恶都要包容得了；处世不可太过清楚分明，一切贤愚美丑都要包容得下。

【源流】

明洪应明《菜根谭》："持身不可太高洁，一切污辱垢秽，要茹纳得；与人不可太分明，一切善恶贤愚，要包容得。"

宇宙之大，何物不有^①？使择物而取之^②，安得别立宇宙^③，置此所舍之物^④？人心之广，何人不容？使择人而好之^⑤，安有别个人心^⑥，复容所恶之人？

【注释】

①何物不有：什么事物没有。此处指大千世界本就包含着善恶美丑。

②使：假使，假如。择物而取：先加以选择再取用。

③安：难道，表示反问。别：另外。立：建立，创造。

④置：放置，安置。所舍之物：舍弃的事物。

⑤好：亲近。

⑥别个：另外一个。

【译文】

世界之大，什么事物没有？假使先加以选择再取用，难道还要再另外创造一个世界，来容纳那些舍弃的事物吗？人心广阔，什么人不能包容？假使先加以选择再亲近，难道还有另外一颗心，再去容纳那些厌恶的人吗？

德盛者，其心和平，见人皆可取^①，故口中所许可者众^②；德薄者，其心刻傲^③，见人皆可憎，故目中所鄙弃者众^④。

【注释】

①可取：此处指值得赞许和学习。

②许可：称赞，赞许。

③刻傲：刻薄傲慢。

④鄙弃：鄙视嫌弃。

【译文】

德行高尚的人，他的内心平和，看见每个人都觉得值得学习，所以他口中称赞的人很多；没有德行的人，他的内心刻薄傲慢，看见每个人都觉得面目可憎，所以他眼中鄙视嫌弃的人很多。

【源流】

清陈弘谋《五种遗规》之"唐翼修《人生必读书》"："德盛者，其心和平，见人皆可交；德薄者，其心刻傲，见人皆可鄙。观人者，看其口中所许可者多，则知其德之厚矣；看其口中所未满者多，则知其德之薄矣。"按，唐彪，字翼修，《格言联璧》此句当本于清代唐彪汇编之文句。

律己宜带秋风^①，处世须带春风^②。

【注释】

①秋风：此处指像秋风一样严厉。

②处世：此处指与人相处。春风：像春风一样温和。

【译文】

约束自己要像秋风一样严厉，与人相处要像春风一样温和。

善处身者^①，必善处世，不善处世贼身者也；善处世者，必严修身，不严修身媚世者也^②。

【注释】

①处身：此处指修身。

②媚世：媚俗。《孟子·尽心下》："阉然媚于世也者，是乡原也。"

【译文】

善于修身之人，必定善于为人处世，如果不善于为人处世则会有损修身；善于为人处世之人，必定严格修身，如果不严格修身则会沦为媚俗之人。

【源流】

清黄宗羲《明儒学案》卷二十三"忠介邹南皋先生元标"条："善处

身者，必善处世，不善处世贼身者也；善处世者，必严修身，不严修身媚世者也。"按，邹元标，号南皋，《格言联璧》此句当本于明代邹元标之语。

爱人而人不爱^①，敬人而人不敬，君子必自反也；爱人而人即爱，敬人而人即敬，君子益加谨也。

【注释】

①爱人：关爱别人。人不爱：即人不爱我。《孟子·离娄下》："爱人者，人恒爱之；敬人者，人恒敬之。"

【译文】

我关爱他人而他人却不关爱我，我尊敬他人而他人却不尊敬我，作为君子一定要好好自我反省。我关爱他人他人也关爱我，我尊敬他人他人也尊敬我，作为君子要更加谨慎。

人若近贤良，譬如纸一张，以纸包兰麝^①，因香而得香。人若近邪友，譬如一枝柳^②，以柳贯鱼鳖^③，因臭而得臭。

【注释】

①兰麝（shè）：兰与麝香，皆为名贵香料。南朝梁萧统《铜博山香炉赋》："爨松柏之火，焚兰麝之芳。"

②一枝柳：一枝柳条。柳，此处指柳条。

③贯：穿。

【译文】

人如果接近贤良之人，就好比一张纸，用这张纸包裹兰和麝香，纸也会因香料而变得芳香。人如果接近奸邪之人，就好比一支柳条，用这支柳条来穿鱼鳖，柳条也会因接近腥臭之物而变得腥臭。

【源流】

元余阙《青阳先生文集》卷九《染习寓语为苏友作》："人若近贤良，喻如纸一张，以纸包兰麝，因香而得香。人若近邪友，喻如一枝柳，以柳穿鱼鳖，因臭而得臭。"按，《格言联璧》此句当本于元代余阙之语。

人未己知，不可急求其知；人未己合，不可急与之合①。

【注释】

①合：使合得来。此处指迎合，结交。

【译文】

别人不了解自己，不可急于要求别人了解自己；别人与自己合不来，不可急于主动迎合别人。

【源流】

明谷中虚《薛文清公要言》卷上："人未己知，不可急求其知；人未己合，不可急与之合。"按，薛瑄谥文清，《格言联璧》此句当本于明代薛瑄之语。

落落者难合①，一合便不可离；欣欣者易亲②，乍亲忽然成怨③。

【注释】

①落落者难合：孤独冷漠之人难于结交。落落，孤独冷漠之貌。晋左思《咏史诗》："落落穷巷士，抱影守空庐。"合，此处指结交。

②欣欣：喜乐之貌。易：容易，易于。亲：亲近。

③乍（zhà）：刚刚，形容时间短暂。怨：怨恨，仇怨。

【译文】

孤独冷漠之人难于结交，然而一旦结交便不会分离；爱说爱笑之人易于亲近,但往往刚亲近不久就忽生怨恨。

能媚我者①,必能害我,宜加意防之②;肯规予者③,必肯助予,宜倾心听之④。

【注释】

①媚:谄媚,献媚。此处指讨好,巴结。

②加意:多加留心。《汉书·贾山传》:"臣不敢以久远喻,愿借秦以为喻,唯陛下少加意焉。"

③肯规予者:肯规劝我的人。规,规劝。

④倾心:此处指尽心,诚心。

【译文】

能讨好我的人,也一定能加害我,所以应当留心防范;肯规劝我的人,也一定能帮助我,所以应当诚心信任。

出一个大伤元气进士①,不如出一个能积阴德平民;交一个读破万卷邪士,不如交一个不识一字端人②。

【注释】

①大伤元气进士:此处指德行卑劣的官员。大伤元气,指上天赋予的品德遭到败坏,即德行卑劣。进士,此处指官员。

②端人:老实本分的人。《孟子·离娄下》:"夫尹公之他,端人也,其取友必端矣。"汉赵岐注:"端人,用心不邪僻。"

【译文】

出一个德行卑劣的官员,还不如出一个有德行的老百姓;交一个读书万卷的奸邪之人,还不如交一个大字不识的老实人。

【源流】

清孙奇逢《孝友堂家训》:"所谓添一个丧元气进士,不如添一个守本分平民。"

无事时①,埋藏着许多小人②;多事时③,识破了许多君子④。

【注释】

①无事:平安无事,没有变故或麻烦。

②埋藏:隐藏。

③多事:变故接踵而至,或灾难很多。宋孙光宪《北梦琐言》:"所以多事之秋,灭迹匿端,无为绿林之嚆矢也。"

④君子:此处指伪君子。

【译文】

平安无事时,隐藏着许多小人;变故接踵而至时,识破了许多伪君子。

【源流】

明吕坤《呻吟语》卷五:"无事时,埋藏着许多小人;多事时,识破了许多君子。"

一种人难悦亦难事①,只是度量褊狭②,不失为君子;一种人易事亦易悦,这是贪污软弱③,不免为小人。

【注释】

①一种人:有那么一种人,有那么一类人。难悦:难以取悦。难事:难以相处。

②褊(biǎn)狭:气量狭小。《史记·礼书》:"化隆者闳博,治浅者褊狭,可不勉与!"

③贪污软弱:此处指内心贪婪肮脏,性格卑怯懦弱。贪,贪婪。污,

肮脏。软弱,性格卑怯懦弱,没有原则。

【译文】

有那么一种人,难以取悦又难以相处,其实不过是他度量狭小而已,仍不失为君子;有那么一种人,容易相处也容易取悦,其实不过是他内心贪婪肮脏、性格懦弱罢了,免不了是个小人。

【源流】

明吕坤《呻吟语》卷四:"一种人难悦亦难事,只是度量褊狭,不失为君子;一种人易事亦易悦,只是贪污软弱,不失为小人。"

　　大恶多从柔处伏①,须防绵里之针②;深仇常自爱中来,宜防刀头之蜜③。

【注释】

①柔处:此处指不易察觉之处。伏:隐藏。

②绵里之针:即绵里藏针,比喻外表看似温柔软弱,实则暗藏毒计。元石君宝《曲江柳》第二折:"笑里刀剐皮割肉,绵里针剔髓挑筋。"

③刀头之蜜:又作"刀头蜜",刀尖上的蜜糖,比喻贪小失大。《四十二章经》:"佛言:'财色之于人,譬如小儿贪刀刃之蜜,甜不足一食之美,然有截舌之患也。'"

【译文】

大的罪恶多隐藏在不易察觉的地方,要小心提防绵里藏针;深仇大恨常常自爱中产生,应当防范刀尖上的蜜糖。

　　惠我者小恩①,携我为善者大恩②;害我者小仇,引我为不善者大仇③。

【注释】

①惠：恩惠。此处指给予恩惠和好处。

②携（xié）：带领。

③引：引导。

【译文】

给我好处是小恩，带领我行善才是大恩；加害于我是小仇，引导我作恶才是大仇。

毋受小人私惠①，受则恩不可酬；毋犯士夫公怒②，犯则怒不可救。

【注释】

①私惠：私人的恩惠。

②犯：触犯。士夫：士大夫。此处指读书人。公怒：众怒。

【译文】

不要接受小人的恩惠，一旦接受，这恩情便无法回报；不要触犯读书人的众怒，一旦触犯，这愤怒便无法挽救。

喜时说尽知心①，到失欢须防发泄②；恼时说尽伤心③，恐再好自觉羞惭④。

【注释】

①知心：此处指知心话，心里话。

②失欢：不高兴。发泄：此处指泄愤。

③恼：恼怒，愤怒。伤心：此处指伤人的话。

④再好：重归于好。羞惭：羞愧。

【译文】

高兴时说尽心里话，到不高兴时要防范遭到对方泄愤报复；恼怒时说尽伤人的话，恐怕重归于好后自己都会觉得羞愧。

【源流】

明吕坤《续小儿语》："厚时说尽知心，提防薄后发泄；恼时说尽伤心，再好有甚颜色。"

盛喜中勿许人物①，盛怒中勿答人柬②。

【注释】

①盛喜：特别高兴。许：承诺给予。

②勿答人柬（jiǎn）：不要回复别人的书信。柬，信件，书信。

【译文】

特别高兴的时候不要许诺给人东西，特别愤怒的时候不要与人交谈。

【源流】

《宋稗类抄》卷二十三："（赵清献公）座右铭云：'盛喜中勿许人物，盛怒中勿答人简。'"按，赵抃谥清献，《格言联璧》此句当本于宋代赵抃之座右铭。

顽石之中①，良玉隐焉②；寒灰之中③，星火寓焉④。

【注释】

①顽石：粗劣的石头。

②良玉隐焉：藏有美玉。良玉，美玉。《韩诗外传》卷四："良玉度尺，虽有十仞之土不能掩其光。"

③寒灰：寒冷的灰烬。灰，灰烬。

④星火寓（yù）焉：含有火星。星火，火星，极其微弱的火焰。寓，含有，包含。

【译文】

顽石之中，也许藏有美玉；寒冷的灰烬之中，也许含有未熄灭的火星。

静坐常思己过，闲谈莫论人非。

【译文】

静坐时常常思考自己的过错，闲谈时不要评论他人的不足。

对痴人莫说梦话①，防所误也；见短人莫说矮话，避所忌也②。

【注释】

①痴人：此处指痴心妄想的人。梦话：不切实际的话，不着边际的话。
②忌：忌讳。

【译文】

对痴心妄想的人不要说不切实际的话，这是为了防止误导他；见到身材矮小的人不要说类似于矮的话，这是为了避开他的忌讳。

面谀之词①，有识者未必悦心②；背后之议，受憾者常至刻骨③。

【注释】

①面谀（yú）：当面恭维奉承。《史记·叔孙通列传》："公所事者且十主，皆面谀以得亲贵。"
②悦心：又作"心悦"，发自内心地高兴。
③受憾（hàn）者：受到议论而心怀不满的人。刻骨：此处指刻骨铭心的怨恨。

【译文】

当面恭维他人，有见识的人未必真正高兴；背后议论他人过错，受到议论的人常常有刻骨铭心的怨恨。

【源流】

明刘宗周《人谱类记》："面谀之词，有识者未必感；背后之议，衔之者常至刻骨。"

攻人之恶毋太严^①，要思其堪受^②；教人以善毋过高^③，当使其可从^④。

【注释】

①攻：此处指批评。恶：此处指过错。

②堪受：能够承受。

③高：此处指要求过高，标准过高。

④可从：能够做到。

【译文】

批评他人的错误不要太过严厉，要考虑到对方能否承受；教导他人向善不要要求太高，应当使他能做得到。

【源流】

明洪应明《菜根谭》："攻人之恶毋太严，要思其堪受；教人以善毋过高，当使其可从。"

互乡童子则进之^①，开其善也；阙党童子则抑之^②，勉其学也。

【注释】

①互乡童子：未受到良好教育的学生。《论语·述而》："互乡难与言，

童子见，门人惑。子曰：'与其进也，不与其退也，唯何甚？人洁己以进，与其洁也，不保其往也。'"因互乡地处偏僻，与外界少有联系且语言亦多不通，故互乡童子多指没有受到良好教育的学生。

②阙党童子：《论语·宪问》载："阙党童子将命。或问之曰：'益者与？'子曰：'吾见其居于位也，见其与先生并行也。非求益者也，欲速成者也。'"阙里，即孔子所居之地。纵阙党童子聪明早慧，但不遵礼节，自视甚高，故多指受过良好教育但不懂礼节又急于求成的学生。

【译文】

没有受到良好教育的学生，要促进他们的学习，这样做是为了开导他们向善好德；受过良好教育但不懂礼节又急于求成的学生，要适度压制他们，这样做是为了勉励他们努力学习。

【源流】

宋王应麟《困学纪闻》卷七："互乡童子则进之，开其善也；阙党童子则抑之，勉其学也。"

不可无不可①，一世之识②；不可有不可③，一人之心④。

【注释】

①无不可：此处指没有什么是办不到的。

②一世之识：世间常理。识，常识，常理。

③有不可：此处指有些事是办不到的。

④一人之心：此处指自己的雄心壮志。

【译文】

总有些事是办不到的，这是世间常理；没有办不到的事情，这是雄心壮志。

事有急之不白者^①，缓之或自明，毋急躁以速其戾^②；人有操之不从者^③，纵之或自化^④，毋躁切以益其顽^⑤。

【注释】

①不白：弄不明白。

②戾：此处指问题加剧，问题恶化。

③操：控制，管理。

④纵之或自化：放任他也许自己就变得顺服了。纵，放纵。自化，自己改变。此处指自己变得顺服。

⑤躁切：急切。顽：顽劣，不服管教。

【译文】

有的事急于解决却弄不明白，也许从容不迫地处理就自然会明白了，不要因急躁而使问题加剧；有的人管理他却不服从，也许放任他反而自己就会顺服了，不要因过分急切而使他更加顽劣。

【源流】

明洪应明《菜根谭》："事有急之不白者，宽之或自明，毋躁急以速其戾；人有切之不从者，纵之或自明，毋躁切以益其顽。"

遇矜才者^①，毋以才相矜^②，但以愚敌其才^③，便可压倒^④；遇炫奇者^⑤，毋以奇相炫^⑥，但以常敌奇，便可破除。

【注释】

①矜（jīn）才：恃才傲物，因有才能而骄傲自大。

②相矜：互相夸耀。此处指互相比较。宋曾巩《道山亭记》："人以屋室钜丽相矜，虽下贫必丰其居。"

③敌：对抗。

④压倒：胜过，超过。

⑤炫奇：炫耀奇特。

⑥相炫：互相炫耀。此处指互相比较。

【译文】

遇到恃才傲物的人，不要用才智与他比较，只要用愚钝去对抗他的才智，便可以胜过他；遇到爱炫耀奇特的人，不要用奇特的事物与他比较，只要用平常的东西去对抗他的新奇之物，便可以破除他爱炫奇的心态。

直道事人①，虚衷御物②。

【注释】

①直道：做人直率真诚。《论语·微子》："直道而事人，焉往而不三黜？枉道而事人，何必去父母之邦。"

②虚衷（zhōng）：虚怀若谷，为人谦逊。御物：驾驭万物。

【译文】

以直率真诚对待他人，以虚怀若谷驾驭万物。

岂能尽如人意，但求不愧我心。

【译文】

世事岂能尽如我之期待，只求无愧于自己的本心。

【源流】

宋陈师道《后山集·上苏公书》："天下之事行之不中理使人不平者，岂此一事，阁下岂能尽争之耶？争之岂能尽如人意耶？"

清戚学标《鹤泉文钞》卷下："同官皆笑先生迂儒，先生卒不改，自题署壁云：'岂必尽如人意，但求无愧我心。'"

不近人情，举足尽是危机①；不体物情②，一生俱成梦境。

【注释】

①举足：又作"举步"，抬腿走路，代指开始做事。

②物情：世道人情。

【译文】

做事不合人情世故，只要开始做就要面对重重困难；做人不体察世道人情，一生都会成为虚无缥缈的梦境。

己性不可任，当用逆法制之^①，其道在一忍字；人性不可拂^②，当用顺法调之^③，其道在一恕字。

【注释】

①逆法：此处指抑制的方法。

②拂（fú）：违背。

③顺法：此处指顺应的方法。

【译文】

自己的性情不可放任，应当用抑制的方法加以控制，这种方法的关键在于一个"忍"字；人民大众的性情不可违背，应当用顺应的方法加以调节，这种方法的关键在于一个"恕"字。

【源流】

清阮元《（道光）广东通志》卷三百五："（梁英佐）戒子弟曰：'己情不可纵，当以逆法制之，其道在忍；人性不可忽，当以顺法处之，其道在恕。'"按，《格言联璧》此句当本于清代梁英佐之语。

仇莫深于不体人之私^①，而又苦之^②；祸莫大于不讳人之短^③，而又讦之^④。

【注释】

①私:隐私。此处指难以言说的苦衷。

②苦:挖苦。

③讳:避讳。

④讦(jié):攻击,指责。

【译文】

仇恨莫过于不体谅他人的苦衷,而又予以挖苦;灾祸莫过于不避讳他人的缺点,而又予以攻击。

【源流】

明吕坤《呻吟语》卷三:"祸莫深于不体人之私,而又苦之;仇莫深于不讳人之短,而又讦之。"

辱人以不堪必反辱①,伤人以已甚必反伤②。

【注释】

①不堪:无法承受。反辱:使自己遭受侮辱。

②已甚:太过,太深。

【译文】

侮辱别人使人无法忍受,最终必定会使自己遭受侮辱;伤害别人伤得太深,最终必定会使自己遭受伤害。

处富贵之时,要知贫贱的痛痒①;值少壮之日②,须念衰老的辛酸。

【注释】

①痛痒:此处指痛苦,疾苦。

②值:正值,正当。

【译文】

处在富贵的时候,要知道生活贫困的疾苦;正值年轻力壮的时候,要想到年老后的辛酸。

【源流】

明洪应明《菜根谭》:"处富贵之地,要知贫贱的痛痒;当少壮之时,须念衰老的辛酸。"

入安乐之场①,当体患难人景况②;居旁观之地,务悉局内人苦心③。

【注释】

①安乐之场:安乐的环境。

②患难:此处指遭受苦难,遭遇不幸。景况:境况,状况。

③务:务必,必须。悉:知道,了解。局内人:当事者。

【译文】

处于安乐的环境中,要体会那些受苦者的境况;处于旁观的地位时,务必要了解当事人的苦心。

临事须替别人思,论人先将自己思。

【译文】

遇到事情时应替别人考虑,评论他人时要先反思自己。

欲胜人者先自胜,欲论人者先自论,欲知人者先自知。

【译文】

想要战胜他人,先要战胜自己;想要评论他人,先要评论自己;想要了解他人，先要了解自己。

【源流】

《吕氏春秋·季春纪·先己》："欲胜人者必先自胜，欲论人者必先自论，欲知人者必先自知。"

待人三自反①，处世两如何②。

【注释】

①待人：此处指与人相处。三自反：再三反省自己。语出《孟子·离娄下》："孟子曰：'有人于此，其待我以横逆，则君子必自反也：我必不仁也，必无礼也，此物奚宜至哉？ 其自反而仁矣，自反而有礼矣，其横逆由是也，君子必自反也：我必不忠。自反而忠矣，其横逆由是也，君子曰：'此亦妄人也已矣。如此则与禽兽奚择哉？于禽兽又何难焉！'""章指言：君子责己，小人不改，比之禽兽，不足难也。"

②两如何：此处指考虑周到，分析全面。语出《论语·卫灵公》："子曰：'不曰如之何、如之何者，吾末如之何也已矣。'"此文释义可分两说：一说主祸难已成，戒人于事先慎思预防之。汉孔安国注："如之何者，言祸难已成，吾亦无如之何。"唐孔颖达正义："此章戒人豫防祸难也。"一说主熟思审处，可为楷模。宋朱熹《四书章句集注·论语》卷第八："'如之何、如之何'者，熟思而审处之辞也。不如是而妄行，虽圣人亦无如之何矣。"综此二说，无论于事前，抑或临事，亦皆戒人当深思熟虑。

【译文】

与人相处要再三反省自己，面对世事要考虑周到全面。

待富贵人，不难有礼而难有体①；待贫贱人，不难有恩

而难有礼。

【注释】

①体：此处指得体。

【译文】

对待富贵的人，不难做到有礼而难做到得体；对待贫贱的人，不难做到有恩而难做到有礼。

【源流】

明樊良枢《密庵卮言》卷六："待富贵人，不难有礼而难有体；待贫贱人，不嫌无恩而嫌无礼。"按，此条后附"右眉公陈仲醇《长者言》四则"注文，陈继儒，字仲醇，号眉公，故《格言联璧》此句当本于明代陈继儒之语。

　　对愁人勿乐，对哭人勿笑，对失意人勿矜。

【译文】

面对愁苦的人不要表现出欢喜，面对哭泣的人不要展露出笑容，面对不得志的人不要夸赞自己的成就。

【源流】

明吕坤《呻吟语》卷三："对忧人勿乐，对哭人勿笑，对失意人勿矜。"

　　见人背语①，勿倾耳窃听②。入人私室③，勿侧目旁观④。到人案头⑤，勿信手乱翻⑥。

【注释】

①背语：背着人说话，不想让他人听到说话内容。

②倾耳：侧着耳朵，表示努力探听。《史记·淮阴侯列传》："农夫莫不辍耕释耒，褕衣甘食，倾耳以待命者。"

③私室：私人的房间。《礼记·内则》："凡妇不命适私室，不敢退。"

④侧目旁观：此处指环顾，东瞧西看。

⑤案：书桌。

⑥信手，随手。

【译文】

看见别人背着人说话，就不要侧着耳朵去偷听。进入别人的房间，不要东瞧西看。到别人的书桌前，不要随手乱动别人的东西。

【源流】

清陈弘谋《五种遗规》之"史搢臣《愿体集》"："见人私语，勿倾耳窃听。入人私室，勿侧目旁观。"按，史搢臣，名典，《格言联璧》此句当化用清代史典编撰之文句。

不蹈无人之室①，不入有事之门②，不处藏物之所③。

【注释】

①蹈（dǎo）：走。此处指进入。

②入：此处指介入，参与。有事：此处指是非纷争。

③藏物之所：储藏物品的地方。

【译文】

不要走进没有人的房间，不要介入他人的是非纷争，不要待在储藏物品的地方。

俗语近于市①，纤语近于娼②，诨语近于优③。

【注释】

①俗语：此处指粗俗的话语。市：市井小民。

②纤语：漂亮动听的话语。娼（chāng）：娼妓。

③诨（hùn）语：开玩笑，戏谑诙谐的话。宋周密《武林旧事·灯品》：

"有以绢灯翦写诗词，时寓讥笑，及画人物，藏头隐语，及旧京诨

语，戏弄行人。"优：优伶，古代演戏的艺人。

【译文】

粗俗的话语近似于市井小民的话，动听的话语近似于娼妓的话，戏

谑的话语近似于优伶戏子的话。

【源流】

明李乐《见闻杂纪》卷七："俗语近于市，纤语近于娼，诨语近于优。"

按，此条后附"以上述华亭陈继儒著"注文，故《格言联璧》此句当本于

明代陈继儒编撰之文句。

闻君子议论，如啜苦茗^①，森严之后^②，甘芳溢颊^③；闻小

人谄笑^④，如嚼糖霜^⑤，爽美之后^⑥，寒冱凝胸^⑦。

【注释】

①如啜（chuò）苦茗（míng）：如饮苦茶。啜，饮，吃。苦茗，苦茶。

②森严：此处指茶味苦涩。

③甘芳溢颊（jiá）：甘甜清香充溢满口。甘芳，清香，芳香。溢颊，充

溢满口。颊，脸颊。此处指口。

④谄（chǎn）笑：谄媚陪笑。《孟子·滕文公下》："曾子曰：'胁肩谄笑，

病于夏畦。'"

⑤糖霜：白糖。宋王灼《糖霜谱》详载糖霜起源及制作食用之法。

⑥爽美：此处指爽口。

⑦寒冱（hù）凝胸：寒冷冰冻之感郁结胸中。寒冱，寒冻，寒凉。凝，

郁积，凝结。

【译文】

听君子议论，如饮苦茶，苦涩过后，甘甜芳香充溢满口；听小人谄媚

陪笑，如嚼白糖，爽口过后，寒冷冰冻之感郁结胸中。

【源流】

明宋岳《昼永编》："闻君子议论，如啜苦茗，森严之后，甘芳溢颊；闻小人谄笑，如嚼糖冰，爽美之后，寒凝沍腹。"

凡为外所胜者[1]，皆内不足[2]；凡为邪所夺者，皆正不足。

【注释】

[1]外：此处指个人修养过程中，外部的各种诱惑和不良影响等诸多因素。

[2]内：此处指个人自身的内部修养。

【译文】

凡是被外部因素战胜的，都是因为自身内部修养不足；凡是被邪恶所战胜的，都是因为自身正气不足。

【源流】

明吕坤《呻吟语》卷四："凡为外所胜者，皆内不足；为邪所夺者，皆正不足也。二者如持衡然，这边低一分，那边即昂一分，未有毫发相下者也。"

存乎天者[1]，于我无与也，穷通得丧[2]，吾听之而已。存乎我者，于人无与也，毁誉是非，吾置之而已。

【注释】

[1]存乎天者：此处指由上天决定的事情。

[2]穷通：困厄与显达。《魏书·崔浩传》："其砥直任时，不为穷通改节。"得丧：得到与失去。

【译文】

上天决定的事，我无法参与；困厄还是显达，得到还是失去，我听凭安排便可。我来决定的事,别人无法参与;诋毁还是赞誉,肯定还是否定,我置之不理便可。

小人乐闻君子之过,君子耻闻小人之恶。

【译文】

小人乐于听到君子的过错,君子耻于听到小人的恶行。

慕人善者①,勿问其所以善②,恐拟议之念生③,而效法之念微矣;济人穷者,勿问其所以穷,恐憎恶之心生,而恻隐之心泯矣④。

【注释】

①慕:仰慕。

②所以:此处指原因。

③拟议:行动之前的计划,筹划。

④恻(cè)隐之心:同情怜悯之心。《孟子·公孙丑上》:"恻隐之心,仁之端也。羞恶之心,义之端也。"

【译文】

仰慕善行,不要问他为何行善,以免只偏重了谋划,而忽略了学习行善之念;救济穷困,不要询问他为何贫穷,以免产生憎恶之感,而泯灭了怜悯同情之心。

时穷势蹙之人①,当原其初心②;功成名立之士,当观其末路③。

【注释】

①时穷势蹙（cù）：处境困顿窘迫。

②原：推究，探究。初心：最初的志向。

③末路：最后的结局。

【译文】

困顿窘迫的人，应当推究他最初的志向；功成名就的人，应当观察他最终的结局。

【源流】

明洪应明《菜根谭》："事穷势蹙之人，当原其初心；功成行满之士，要观其末路。"

踪多历乱，定有必不得已之私①；言到支离②，才是无可奈何之处。

【注释】

①必不得已：迫不得已。

②支离：犹支吾，说话吞吞吐吐，含糊不清。

【译文】

经历重重坎坷磨难，一定有迫不得已的苦衷；说话说到吞吞吐吐，应该是感到无可奈何了吧。

惠不在大，在乎当厄①。怨不在多，在乎伤心。

【注释】

①当厄（è）：处于困境，正逢危难。

【译文】

恩惠不在大小，而在于接受恩惠的人是否处于困境。怨恨不在多少，而在于这怨恨是否刺痛彼此的内心。

毋以小嫌疏至戚①，毋以新怨忘旧恩。

【注释】

①小嫌：小的不满。嫌，厌恶，不满。至戚：最亲近的人。

【译文】

不要因为一点儿小小的不满就疏远最亲近的人，不要因为新近结下的仇怨就忘记了过去的恩情。

【源流】

清陈弘谋《五种遗规》之"史揖臣《愿体集》"："毋以小嫌疏至戚，毋以新怨忘旧亲。"按，史揖臣，名典，《格言联璧》此句当本于清代史典编撰之文句。

两悔无不释之怨①，两求无不合之交②，两怒无不成之祸。

【注释】

①两悔：双方都诚心悔过。释：消除。

②两求：双方都需要彼此。

【译文】

双方都诚心悔过，便没有不可消除的怨恨。双方都需要彼此，便没有结不成的交情。双方都怒目相向，便没有不酿成的灾祸。

【源流】

明吕坤《呻吟语》卷六："两悔无不释之怨，两求无不合之交，两怒无不成之祸。"

古之名望相近，则相得①；今之名望相近，则相妒②。

【注释】

①相得：相处融洽，和谐相处。

②相妒：互相嫉妒，互相忌恨。

【译文】

古时候名望相近的人，相处融洽；今天名望相近的人，却互相嫉妒。

【源流】

明吕坤《呻吟语》卷六："古人名望相近，则相得；今人名望相近，则相妒。"

齐家类

【题解】

　　"齐家类"一章主要讲的是如何能够使家庭和谐兴旺。在阅读中可以分成两部分来理解，即管理家庭对内、对外事务的部分和处理家庭成员之间关系的部分。管理家庭事务部分，编者告诉人们管理家庭要勤俭持家、谨慎办事，更要对家庭成员以及家中仆人严格约束。处理家庭成员之间关系部分，编者首先告诉人们对父母要尊重孝顺，这种尊重和孝顺重点体现在对父母心愿的遵循和继承上。其次，世间最亲近的还要数自家兄弟，在处理兄弟间关系时要多为家族着想、多为对方着想，善于开导教育各自的妻子，这才能使兄弟间的关系保持和睦团结。最后，提醒人们要注意教育子女的重要性。教育好了子女，不仅可以使子女过上好日子，自己也会得到子女的孝敬和关怀，家族也会因此而和睦兴旺。此外，本章也谈及了一些关于婚丧嫁娶的事情。无论是子女晚辈的喜事，还是父母长辈的丧事，都应当以德为先、以礼为先，如果将婚丧嫁娶看作讨价还价的买卖和为自己谋利的手段的话，那便大错特错了。"齐家类"一章论及的家庭类型是农业社会的大家族，虽然与当下现代城市小家庭有较大区别，但编者谈及的子女应当孝顺父母、勤俭持家、谨慎办事等方面是同样受用的。此外，关于教育子女的问题，编者不仅注重对子女"才"的教育，更注重对子女"德"的教育，这种观念要比当下教育

"只重成绩不问品德"的观念要健康得多。另外,对待婚丧大事都应以"德""礼"为先,这种观念能够使人以严肃的态度来面对人生大事,是值得肯定的。

　　勤俭,治家之本①。和顺,齐家之本②。谨慎,保家之本③。诗书,起家之本④。忠孝,传家之本⑤。

【注释】

①治家:持家,操持家务。

②齐家:理顺家族成员之间的关系,使家族和睦团结。《礼记·大学》:"古之欲明明德于天下者,先治其国;欲治其国者,先齐其家;欲齐其家者,先修其身;欲修其身者,先正其心;欲正其心者,先诚其意;欲诚其意者,先致其知,致知在格物。"

③保家:保全家族,保护家人。

④起家:使家族兴旺。

⑤传家:家族世代相传。

【译文】

勤劳节俭,是操持家务的根本。和睦融洽,是家族和睦团结的根本。谨慎小心,是保障家族平安的根本。诗书经典,是推动家族兴旺的根本。忠孝纲常,是维持家族世代相传的根本。

【源流】

明张永明《张庄僖文集》卷五:"朱晦翁'居家四本':读书,起家之本。勤俭,治家之本。和顺,齐家之本。循礼,保家之本。"按,朱子,字元晦,号晦翁,《格言联璧》此句当本于朱子之语。

　　天下无不是底父母,世间最难得者兄弟。

【译文】

天底下没有不对的父母,世界上最难得的是自家兄弟。

【源流】

清周召《双桥随笔》卷三:"天下无不是的父母,人生最难得者兄弟。"

以父母之心为心①,天下无不友之兄弟②。以祖宗之心为心,天下无不和之族人。以天地之心为心,天下无不爱之民物③。

【注释】

①父母之心:父母的角度,父母思考问题的立场。《孟子·滕文公下》:"丈夫生而愿为之有室,女子生而愿为之有家。父母之心,人皆有之。"

②不友:不友爱,不亲爱。

③天下无不爱之民物:天底下就没有不值得关爱的人民和万物。不爱,不值得关爱。民物,人民和万物。此处指百姓。汉蔡邕《陈太丘碑》:"神化著于民物,形表图于丹青。"

【译文】

如果都能站在父母的角度去考虑问题,天底下就没有不相亲相爱的兄弟。如果都能站在祖宗的角度去考虑问题,天底下就没有不和睦的家族成员。如果都能站在天地的角度去考虑问题,天底下就没有不值得关爱的人民万物。

【源流】

清蔡世远《二希堂文集·鹤山祖祠碑记》:"常闻之安溪李文贞公曰:'以父母之心为心者,天下无不友之兄弟。以祖宗之心为心者,天下无不和之族人。以天地之心为心者,天下无不爱之民物。'"按,李光地,福建安溪人,谥文贞,故《格言联璧》此句当本于清代李光地之语。

人君以天地之心为心①，人子以父母之心为心②，天下无不一之心矣；臣工以朝廷之事为事③，奴仆以家主之事为事④，天下无不一之事矣。

【注释】

①人君：君主。以天地之心为心：站在天地自然的角度去考虑问题。此处指人君施政当合乎天道，含有颇多道家"无为而治"思想。《周易·复卦》："象曰：'复，其见天地之心。'"唐孔颖达正义："天地养万物，以静为心，不为而物自为，不生而物自生，寂然不动，此天地之心也。"

②人子：儿子。

③臣工：泛指大臣。以朝廷之事为事：将朝廷的事当作自己的事。此处指一心为公。

④家主：主人。

【译文】

如果做君主的能够站在天地的角度去考虑问题，做儿子的能够站在父母的角度去考虑问题，那么天底下就没有不一致的心思；如果做大臣的能将朝廷的事当作自己的事，做仆人的能将主人的事当作自己的事，那么天底下就没有不一致的事情。

【源流】

清陈弘谋《五种遗规》之"魏环溪《寒松堂集》"："人君以天地之心为心，人子以父母之心为心，天下无不一之心矣；臣工以朝廷之事为事，奴仆以家主之事为事，天下无不一之事矣。"按，魏象枢，字环溪，《格言联璧》此句当本于清代魏象枢之语。

孝莫辞劳①，转眼便为人父母。善毋望报②，回头但看尔儿孙。子之孝，不如率妇以为孝③，妇能养亲者也④。公姑得一孝妇⑤,胜如得一孝子。妇之孝,不如导孙以为孝⑥,孙能娱亲者也⑦。祖父得一孝孙⑧,又增一辈孝子。

【注释】

①孝:尽孝,孝顺父母。辞:推脱。劳:劳苦。

②善:善行,积德行善。毋:不要。望:期望。报:回报。

③率妇以为孝:引导媳妇尽孝。率,引导,带领。妇,媳妇,妻子。

④养:奉养,照料。亲:双亲,父母。

⑤公姑:公婆。

⑥导:教导。

⑦娱:使……得到快乐。

⑧祖父:此处指祖父母。

【译文】

尽孝道不要怕劳苦,因为转眼间自己便为人父母了。积德行善不要期望回报,回头看看自己的满堂儿孙,这不就是最大的回报吗?儿子孝顺,不如引导媳妇孝顺,因为媳妇能够奉养照料父母。公婆得到一个孝顺的儿媳妇,胜过得到一个孝顺的儿子。然而儿媳妇孝顺,不如教导孙子孝顺,孙子能使父母得到快乐。祖父母得到一个孝顺的孙子,就又增添了一辈孝子。

【源流】

清王培荀《听雨楼随笔》卷八:“内江祝由,康熙丙子拔贡,善书画,工诗,尝刻楹联云:‘孝莫辞劳,转眼即为父母;德无望报,回头却在儿孙。’”按,《格言联璧》“孝莫辞劳”四句当本于清代祝由之楹联。

清陈弘谋《五种遗规》之“王朗川《言行汇纂》”:“子之孝,不如率妇以为孝。妇能养亲者也,朝夕不离,洁奉甘旨而亲心悦,故舅姑得一孝妇,胜得一孝子。妇之孝,不如导孙以孝,孙能娱亲者也,依依膝下,顺承靡违而亲心悦,故祖父添一孝孙,又添一孝子。”按,王之铁,号朗川,《格言联璧》"子之孝"十句当本于清代王之铁编撰之文句。

父母所欲为者①，我继述之②；父母所重念者③，我亲
厚之④。

【注释】

①父母所欲为者：此处指父母想做却没来得及做的事。

②继述：继承遵循。继，继承。述，遵循。

③重念：常常挂念。

④亲厚：亲爱厚待。

【译文】

父母想做而没来得及做的事，我要继承下来并努力完成它；父母常
常挂念的人，我要亲爱厚待他。

婚而论财①，究也夫妇之道丧②。葬而求福③，究也父子
之恩绝。

【注释】

①论财：讨论钱财多少，即围绕钱财讨价还价。

②究：终究，到底。夫妇之道：传统社会维系两个家族及男女双方的
礼仪和情分。《周易·序卦》："有天地，然后有万物；有万物，然
后有男女；有男女，然后有夫妇；有夫妇，然后有父子；有父子，然
后有君臣。有君臣，然后有上下；有上下，然后礼义有所错。"《荀
子·大略篇》："夫妇之道，不可不正也，君臣父子之本也。"

③葬：埋葬亲人。福：福佑。

【译文】

两家结婚却在钱财上讨价还价，双方的礼仪和情分终究会丧失殆尽。

靠选择风水宝地埋葬亲人来求取福佑,父子间的恩情终究会彻底断绝。

【源流】

明谢肇淛《五杂组》卷十三:"婚而论财,其究也夫妇之道丧。葬而求福,其究也父子之恩绝。"

君子有终身之丧^①,忌日是也^②;君子有百世之养^③,邱墓是也^④。

【注释】

①丧:服丧。

②忌日:人去世的日子。此处指父母去世的日子。《礼记·祭义》:"君子有终身之丧,忌日之谓也。"汉郑玄注:"忌日,亲亡之日。"

③百世:后人百世。养:奉养。

④邱墓:坟墓。

【译文】

君子有终身要服丧的那一天,父母的忌日便是;君子有后人百世的奉养,死后的坟墓便是。

【源流】

清陈弘谋《五种遗规》之"王朗川《言行汇纂》":"君子有终身之丧,忌日是也;君子有百世之养,邱墓是也。"按,王之铁,号朗川,《格言联璧》此句当本于王之铁编撰之文句。

兄弟一块肉,妇人是刀锥^①;兄弟一釜羹,妇人是盐梅^②。

【注释】

①"兄弟一块肉"二句:亲兄弟就好比一块骨肉,如若不和妻子就会成为尖刀和锥子。此句意在说明兄弟亲睦之重要,兄弟不和便容

易为外人，甚至妻子所离间。

②"兄弟一釜（fǔ）羹（gēng）"二句：亲兄弟就好比一锅浓汤，如若和睦妻子就会成为盐巴和梅子。釜，锅。羹，汤。盐梅，盐和梅子。盐味咸，梅味酸，都是调味的必需品。此句意在说明，兄弟和睦，妻子也会使兄弟情谊更加亲密融洽。

【译文】

亲兄弟就好比一块骨肉，关系不和才会为妻子所离间；亲兄弟就好比一锅浓汤，关系和睦妻子亦会使之融洽。

兄弟和，其中自乐；子孙贤，此外何求！

【译文】

兄弟和睦，其中自有快乐；子孙贤能，便别无他求。

心术不可得罪于天地①，言行要留好样与儿孙②。

【注释】

①得罪：此处指对不起。

②好样：好榜样。

【译文】

心术不可以对不起天地良心，言行要为子孙做好榜样。

【源流】

明冯从吾《少墟集》卷十七："余年十四从（沈）先生受《毛诗》，见先生座右大书：'心术不可得罪于天地，言行要留好样与儿孙'二语，心窃识之，知此可以知先生为人矣。"按，文中先生即冯从吾之师沈𫄧，故《格言联璧》此句当本于明代沈𫄧之座右铭。

现在之福，积自祖宗者，不可不惜；将来之福，贻于子孙者①，不可不培。现在之福如点灯，随点则随竭②；将来之福如添油③，愈添则愈明④。

【注释】

①贻（yí）：留给，传给。

②竭：用尽。

③添油：此处指给油灯添油。

④明：此处指油灯灯火明亮。

【译文】

现在享受的福气，是祖宗积累下来的，不能不珍惜；将来的福气，是留给子孙享用的，不能不好好培养。现在享受的福气就像点油灯，只要点亮便会消耗直至用尽；将来的福气就像给油灯添油，越添油灯火便越明亮。

【源流】

清陈弘谋《五种遗规》之"史擢臣《愿体集》"："现在之福，积自祖宗者，不可不惜；将来之福，贻于子孙者，不可不培。现在之福如点灯，随点则随竭；将来之福如添油，愈添则愈久。"按，史擢臣，名典，《格言联璧》此句当本于清代史典编撰之文句。

问祖宗之泽①，吾享者是，当念积累之难；问子孙之福，吾贻者是，要思倾覆之易②。

【注释】

①泽：福泽，福佑。

②倾覆：败亡。

【译文】

问祖宗的福泽在哪？我正享受着的便是，所以应当想到积累的艰难；问子孙将要享受的福泽在哪？我遗留给他们的便是，所以要想到败亡的容易。

【源流】

清陈弘谋《五种遗规》之"王朗川《言行汇纂》"："问祖宗之泽，吾享者是，当念积累之难；问子孙之福，吾贻者是，要思倾覆之易。"按，王之铁，号朗川，《格言联璧》此句当本于清代王之铁编撰之文句。

　　要知前世因①，今生受者是②，吾谓昨日以前，尔祖尔父，皆前世也。要知后世因，今生作者是③，吾谓今日以后，尔子尔孙，皆后世也。

【注释】

①前世因：前世种下的因。因，佛教基本概念之一。常与果合称"因果"，指事物的缘起或起因，种下什么因，将来就会得到什么果，即因果报应。

②受：遭受，承受。

③作者：所做的事。

【译文】

要想知道前世的因果报应，今生遭受的就是，我说的是昨天之前，你的祖父和父亲，都是前世。要想知道后世的因果报应，今生所做的事就是，我说的是今天之后，你的儿子和孙子，都是后世。

【源流】

清陈弘谋《五种遗规》之"王朗川《言行汇纂》"："释氏云：'要知前世因，今生受者是'，吾谓昨日以前，尔祖尔父，皆前世也。'要知后世因，今生作者是'，吾谓今日以后，尔子尔孙，皆后世也。"按，文中释氏似泛指佛家,故《格言联璧》此句当本于清代王之铁摘引之佛家偈语及阐发之感悟。

　　祖宗富贵,自诗书中来,子孙享富贵,则弃诗书矣;祖宗家业,自勤俭中来,子孙享家业,则忘勤俭矣。

【译文】

　　祖宗的富贵,来自诗书,子孙享受着富贵,却抛弃了诗书;祖宗的家业,来自勤俭,子孙享受着家业,却忘记了勤俭。

【源流】

　　清陈弘谋《五种遗规》之"史揖臣《愿体集》":"祖宗富贵,自诗书中来,子孙享富贵,则弃诗书矣;祖宗家业,自勤俭中来,子孙享家业,则忘勤俭矣。此所以多衰门也,可不戒之?"按,史揖臣,名典,《格言联璧》此句当本于清代史典编撰之文句。

　　近处不能感动①,未有能及远者②。小处不能调理③,未有能治大者。亲者不能联属④,未有能格疏者⑤。一家生理不能全备⑥,未有能安养百姓者⑦。一家子弟不率规矩⑧,未有能教诲他人者。

【注释】

①近处:此处指身边的人。感动:此处指感化和教育。

②及远:此处指推及到那些相对疏远的人。

③调理:管理,治理。

④联属:联合,笼络。

⑤格疏者:管理关系疏远的人。格,纠正。此处引申为管理。疏,关

系疏远的人。

⑥一家生理不能全备：一家人的生活所需都不能齐备。生理，生计，此处指生活所需。备，完备，齐全。

⑦安养：安抚养护。

⑧率：遵守，遵循。《诗经·大雅·假乐》："不愆不忘，率由旧章。"汉郑玄注："率，循也。"

【译文】

身边的人都不能感化，便不能感化远处的人。小的事情都不能管理好，便治理不好大的事情。家族亲人尚且不能联合，便无从管理关系疏远的人。一家人的生活所需都不齐备，便不能安抚养护百姓。一家子弟都不守规矩，便不能教导他人。

【源流】

清陈弘谋《五种遗规》之"程汉舒《笔记》"："近处不能感动，未有能及远者。小处不能条理，未有能治大者。亲者不能联属，未有能格疏者。一家生理不能全备，未有能安养百姓者。一家子弟不率规矩，未有能教诲他人者。"按，程大纯，字汉舒，《格言联璧》此句当本于清代程大纯编撰之文句。

至乐无如读书，至要莫如教子。

【译文】

最快乐的事情莫过于读书，最重要的事情莫过于教子。

【源流】

宋刘清之《戒子通录》卷六"《教子语》家颐"："人生至乐无如读书，至要无如教子。"按，《教子语》为家颐所作，故《格言联璧》此句当本于宋代家颐之语。

子弟有才①,制其爱毋弛其诲②,故不以骄败③;子弟不肖④,严其诲毋薄其爱,故不以怨离⑤。

【注释】

①子弟:家中晚辈孩童。

②弛:放松。诲:教育,教导。

③骄败:因骄纵而品行败坏。败,此处指品行败坏。

④不肖(xiào):此处指没有才华。《礼记·中庸》:"贤者过之,不肖者不及也。"

⑤怨离:因怨恨而疏远。离,此处指疏远。

【译文】

晚辈孩童有才华,要控制对他们的宠爱,并且不要放松对他们的教导,这样才不会使他们因骄纵而品行败坏;子孙后代没有才华,要严加教导,但不要缺少对他们的关爱,只有这样才不会使他们因怨恨而疏远。

雨泽过润①,万物之灾也。恩崇过礼②,臣妾之灾也③。情爱过义④,子孙之灾也。

【注释】

①雨泽:雨水。过润:此处指雨水过多。

②恩崇过礼:尊崇超过了礼法。恩崇,尊崇。过礼,超过了礼法的限制。

③臣妾:此处指地位低下的人。

④情爱:此处指疼爱。过义:超过了限度。义,宜。此处指应有的限度。

【译文】

雨下得太多,便是万物的灾难。恩宠超过了礼法,便是臣妾的灾难。疼爱超出了限度,便是子孙的灾难。

【源流】

明吕坤《呻吟语》卷一:"雨泽过润,万物之灾也。恩崇过礼,臣妾之灾也。情爱过义，子孙之灾也。"

　　安详恭敬，是教小儿第一法；公正严明，是做家长第一法。

【译文】

　　神情安详、态度恭敬，这是教育孩子的首要法则；办事公正、规矩严明，这是做家长的首要法则。

【源流】

　　宋朱熹《小学集注》卷五："横渠张先生曰：'教小儿先要安详恭敬。'"按，《格言联璧》"安详恭敬，是教小儿第一法"句当本于宋代张载之语。

　　人一心先无主宰，如何整理得一身正当①？人一身先无规矩，如何调剂得一家肃穆②？融得性情上偏私③，便是大学问；消得家庭中嫌隙④，便是大经纶⑤。

【注释】

①整理得一身正当：约束自己使品行端正。整理，此处指约束。正当，此处指品行端正。

②调剂得一家肃穆：管理家庭使整肃有序。调剂，此处指管理。肃穆，整肃有序。

③融：此处指去除。偏私：偏袒和私心。此处指性情上的缺陷和不足。

④嫌隙：因猜疑或不满而产生的仇怨。此处指家庭成员之间的矛盾。

⑤经纶：学问，才能。

【译文】

人的心中原本就没有正确的观念作为主宰，如何能够约束自己使品行端正？人的身上原本就没有正确的行为规范，如何能够管理家庭使整肃有序？能够去除自身情感上的不足，这便是大学问；能消除家庭中的矛盾，这便是大才能。

【源流】

清陈弘谋《五种遗规》之"程汉舒《笔记》"："人一心先无主宰，如何整理得一身正当？人一身先无规矩，如何调剂得一家整肃？"按，程大纯，字汉舒，《格言联璧》"人一心先无主宰"四句当本于清代程大纯编撰之文句。

遇朋友交游之失[①]，宜剀切[②]，不宜游移[③]；处家庭骨肉之变[④]，宜委曲[⑤]，不宜激烈[⑥]。

【注释】

①交游之失：交往中的过失。

②剀（kǎi）切：此处指态度恳切地规劝纠正。《诗经·小雅·雨无正》："哿矣能言，巧言如流，俾躬处休！"唐孔颖达正义："《书》传注云：'剀，切。'《说文》云：'剀，摩也。'谓摩切其傍，不斥言。"

③游移：犹豫不决，态度暧昧。

④骨肉之变：亲人间的矛盾。

⑤委曲：此处指委婉含蓄。

⑥激烈：此处指情绪激动。

【译文】

遇到朋友交往中的过失，应当诚恳规劝，而不应态度暧昧；处理家庭亲人间的矛盾，应当委婉含蓄，而不应情绪激动。

【源流】

明洪应明《菜根谭》："处父兄骨肉之变，宜从容，不宜激烈；遇朋友交游之失，宜剀切，不宜优游。"

未有和气萃焉①，而家不吉昌者②；未有戾气结焉③，而家不衰败者。

【注释】

①萃：聚集。

②吉昌：吉祥昌盛。

③戾（lì）气：乖戾、凶暴之气。此处指家中不和，相互争斗。

【译文】

从来没有家中融洽和睦而家庭不吉祥昌盛的，从来没有家中相互争斗而家庭不衰落败亡的。

闺门之内①，不出戏言②，则刑于之化行矣③；房幄之中④，不闻戏笑，则相敬之风著矣⑤。

【注释】

①闺门：内室的门。此处指家中。《礼记·乐记》："在闺门之内，父子兄弟同听之，则莫不和亲。"

②戏言：戏闹的言语，开玩笑的话。

③刑于之化：化用《诗经·大雅·思齐》篇中"刑于寡妻，至于兄弟，以御于家邦"之语，意在说明君子当以身作则，为自己妻子和兄弟做好榜样，这样才能管理好家庭。刑，典范，榜样。

④房幄（wò）：帷帐，代指内室。

⑤相敬之风：即夫妻相敬如宾，化用《左传·僖公三十三年》："臼季使过冀，见冀缺耨。其妻馌之，敬，相待如宾。"

【译文】

家门之内，没有戏闹的言语，则家中以身作则教化之风已然推行；内室之中,没有轻薄的嬉笑,则夫妇相敬如宾之礼已然形成。

人之于嫡室也①,宜防其蔽子之过②;人之于继室也③,宜防其诬子之过④。

【注释】

①嫡(dí)室:正妻。

②蔽子之过:掩饰自己儿子的过错。蔽,掩饰,掩盖。

③继室:原配死后续娶的妻子。《左传·昭公三年》:"齐侯使晏婴请继室于晋。"

④诬子之过:诬陷原配生的儿子犯有过错。诬,诬陷。子,此处指原配生的儿子。

【译文】

对于正妻,应当防范她掩饰自己儿子的过错;对于续娶的妻子,应当防范她诬陷原配生的儿子犯有过错。

【源流】

清陈弘谋《五种遗规》之"史搢臣《愿体集》":"人之于妻也,宜防其蔽子之过;于后妻也,宜防其诬子之过。天下未有不正其妻而能正其子者,故曰:'刑于寡妻'。"按,史搢臣,名典,《格言联璧》此句当化用清代史典编撰之文句。

仆虽能①,不可使与内事②;妻虽贤,不可使与外事③。

【注释】

①仆:仆人,奴仆。

②内事:此处指家庭内部事务。

③外事：家庭之外的事物。

【译文】

仆人虽然有才能，不可使他参与家庭内部事务；妻子虽然贤能，不可使她参与家庭之外的事务。

【源流】

清陈弘谋《五种遗规》之"史搢臣《愿体集》"："妻虽贤，不可使与外事；仆虽能，不可使与内事。"按，史搢臣，名典，《格言联璧》此句当本于清代史典编撰之文句。

奴仆得罪于我者尚可恕，得罪于人者不可恕①；子孙得罪于人者尚可恕，得罪于天者不可恕②。

【注释】

①人：此处指外人。

②得罪于天：违背天道，伤天害理。天，天道，天理。

【译文】

家中仆人得罪我尚可宽恕，但得罪外人则坚决不能宽恕；子孙得罪外人尚可宽恕，但违背天道伤天害理则坚决不能宽恕。

奴之不祥①，莫大于传主人之谤语②；主之不祥，莫大于信仆婢之谮言③。

【注释】

①不祥：不善，缺点。

②谤（bàng）语：诽谤的话。

③信：听信。仆婢：仆人。谮（zèn）言：诬陷，说别人的坏话。

【译文】

仆人的缺点，莫过于传别人对主人诽谤的话；主人的缺点，莫过于听信仆人诬陷别人的话。

治家严，家乃和；居乡恕，乡乃睦。治家忌宽，而尤忌严；居家忌奢，而尤忌啬。

【译文】

治家严格，家庭才会和睦；居住乡里能体谅乡邻的过错，邻里才能和睦。治家切忌宽松，更忌太过严苛；持家度日切忌奢侈，更忌太过吝啬。

【源流】

清陈弘谋《五种遗规》之"史搢臣《愿体集》"："治家严，家乃和；居乡恕，乡乃睦。"按，史搢臣，名典，《格言联璧》"治家严"四句当本于清代史典编撰之文句。

无正经人交接①，其人必是奸邪；无穷亲友往来②，其家必然势利。

【注释】

①正经人：作风正派的人。交接：交往。《后汉书·张衡传》："常从容淡静，不好交接俗人。"

②往来：交往，来往。《老子》第八十章："鸡犬之声相闻，民至老死不相往来。"

【译文】

没有作风正派人和他交往，那么这个人必定是奸邪小人；没有贫穷的亲戚朋友与这家人来往，那么这家人必定都是势利小人。

日光照天，群物皆作^①，人灵于物^②，寐而不觉^③，是谓天起人不起，必为天神所谴^④，如君上临朝^⑤，臣下高卧失误^⑥，不免罚责^⑦；夜漏三更^⑧，群物皆息^⑨，人灵于物，烟酒沉溺^⑩，是谓地眠人不眠，必为地祇所诃^⑪，如家主欲睡，仆婢喧闹不休^⑫，定遭鞭笞。

【注释】

①作：兴起。此处指苏醒。

②人灵于物：人作为万物之灵。

③寐（mèi）而不觉：大睡不醒。寐，睡。觉，醒。

④谴：谴责，责罚。

⑤临朝：上朝。

⑥高卧：高枕安卧。

⑦不免罚责：免不了要受责罚。罚责，因有罪而遭到责罚。

⑧夜漏三更：夜半时分。漏，漏壶，铜制有孔容器，通过滴水或漏沙以起到计时功能。三更，古人将一天划分为十二个时辰，每个时辰两个小时，其中将晚上七点到第二天早上五点这十个小时"五个时辰"定为五更，即戌时、亥时、子时、丑时、寅时。子时为三更，恰为夜半时分。

⑨群物皆息：万物都休息了。群物，万物。息，休息。

⑩烟酒沉溺（nì）：即沉溺烟酒。

⑪地祇（qí）：地神。诃：斥责。

⑫鞭笞（chī）：鞭打。

【译文】

太阳高照，万物都苏醒了，人作为万物之灵，仍然大睡不起，这是上天都起床了人却不起床，这样必定会遭到天神的谴责，就好比皇帝已经上朝，而大臣还在睡觉延误了时间，这样的大臣免不了要遭受惩罚；夜半时分，万物都休息了，人作为万物之灵，却还沉溺烟酒，这是大地都睡觉了人却不睡，这样必定会遭到地神的斥责，就好比家里主人正要睡觉，而仆人们却吵闹不休，这样的仆人注定要遭受鞭打。

【源流】

清姚文然《姚端恪公集》外集卷十八："日光照天，群物皆作，人灵于物，寐而不觉，是谓天起人不起，必为天神所谴，如君上临朝，臣子高卧失误，不免责罚。……夜漏三刻，群物皆息，人灵于物，烟酒博弈，是谓地眠人不眠，必为地祇所诃，如家主欲睡，仆婢喧闹不休，定遭鞭笞。"

楼下不宜供神①，虑楼上之秽亵②；屋后必须开户③，防屋前之火灾。

【注释】

①供神：供奉神明。

②秽亵（huì xiè）：污秽猥亵。此处指不雅的行为。

③开户：打通门户，开通一扇门。

【译文】

楼下不宜供奉神明，考虑到楼上的不雅行为会亵渎神明；屋后必须开通一扇门，以防屋前发生火灾而无法逃生。

从政类

【题解】

"从政类"一章主要讲的是为官从政的原则和操守。这一章所讲的内容与前几章相比更为具体,也更能体现时代印记。虽然农业社会时期官员承担的工作和当今社会官员的工作已经截然不同,但为官的良心和责任还是应当传承的。作为一名官员,首先不要将自己凌驾于百姓之上,要懂得尊重百姓,不要以为百姓软弱可欺,要发自内心地关爱百姓。其次,在日常管理中,要以恤民之心对待百姓,不要轻易打扰百姓的日常生活。尤其在朝廷征收赋税的时候,切不可使百姓受到惊扰。另外,不要乱发空头文件,还要对官府中的小官差们严加管束,这样才能做到真正抚恤百姓。简而言之,就是要严格治吏、宽和养民。最后,为官一任要上对得起国家、下对得起人民,要坚守节操、严肃谨慎,不可有半点私心。做官要造福一方百姓,要时时刻刻为百姓着想,不可为了谋取个人利益而牺牲百姓的利益。所以,要坚持高尚的节操、坚持正道。"从政类"一章谈及的为官原则和操守虽然源自农业社会,但其中侧重于官员的爱民之心和高尚人格培养的部分同样适用于当下。此外,本章中还加入了一定程度的"因果报应"思想,尽管这些迷信思想无法得到当下科学的证明,但在农业社会中,这些思想也会在一定程度上起到导人向善的作用,具有一定的积极意义。

眼前百姓即儿孙，莫谓百姓可欺，且留下儿孙地步^①；堂上一官称父母^②，漫道一官好做^③，还尽些父母恩情。

【注释】

①地步：余地。此处指福泽。

②堂：公堂。父母：古代地方官通称为"父母官"。

③漫道：别说，不要说。

【译文】

眼前的百姓就好比自己的儿孙，不要觉得百姓好欺骗，应该为百姓留些福泽；公堂之上被称为父母官，不要觉得这个官好当，应该为百姓尽些父母官的恩情。

【源流】

清陈弘谋《五种遗规》之"王朗川《言行汇纂》"："王玉池令金乡，揭一联于堂曰：'眼前百姓即儿孙，莫谓百姓可欺，且留下儿孙地步；堂上一官称父母，漫说一官易做，还尽些父母恩情。'"按，王玉池尝官金乡知县，《格言联璧》此句当本于清代金乡知县王玉池撰写之堂联。

善体黎庶情^①，此谓民之父母；广行阴骘事^②，以能保我子孙。

【注释】

①体：体察。黎庶（shù）：黎民百姓。

②广行阴骘（zhì）事：多做善事广积德行。阴骘事，善事。语出《尚书·洪范》："惟天阴骘下民，相协厥居。"唐孔颖达正义："言民是上天所生，形神天之所授，故'天不言而默定下民'。"故阴骘，为默定，即于无声无息间使人民安定，后泛指积德行善。

【译文】

做官要善于体察民情，这便是民之父母；多做善事广积德行，以此来保佑我的子孙后代。

封赠父祖①，易得也②，无使人唾骂父祖，难得也；恩荫子孙③，易得也，无使我毒害子孙④，难得也。

【注释】

①封赠父祖：让祖先加官进爵获得尊荣。封赠，父母或先人因子孙后代为官而获得官爵。古代帝王推恩于臣下，将彰显尊荣的官爵授予其父母。父母在世称"封"，不在世称"赠"。父祖，代指祖先。

②得：做到，实现。

③荫（yìn）：荫庇，庇护。子孙：代指后代。

④毒害：伤害。此处指因过分溺爱与骄纵反而使子孙后代受到伤害。

【译文】

让祖先加官进爵，这是容易做到的，而不使人唾骂自己的祖先，这是很难做到的；恩德荫庇子孙，这是容易做到的，而不使我伤害自己的子孙，这却是很难做到的。

【源流】

清陈弘谋《五种遗规》之"熊勉庵《宝善堂居官格言》"："封赠父祖，易得也，无使人唾骂父祖，难得也；恩荫子孙，易得也，无使子孙流落伶仃，难得也。居官而思其难者则父祖之泽长，子孙之祚远矣。"按，熊弘备，字勉庵，《格言联璧》此句当本于清代熊弘备编撰之文句。

洁己方能不失己①，爱民所重在亲民②。

【注释】

①洁己：洁身自好。不失己：不丢失自己善良美好的本性。

②重：重点，关键。亲民：亲爱百姓，关爱百姓。《礼记·大学》："大
　学之道，在明明德，在亲民，在止于至善。"唐孔颖达正义："在亲
　民者，言大学之道在于亲爱于民。"

【译文】

洁身自好方能不丢失自己善良美好的本性，关爱百姓的关键在于发
自内心地亲爱百姓。

朝廷立法不可不严，有司行法不可不恕①。

【注释】

①有司：执法官吏。《管子·幼官》："定府官，明名分，而审责于群
　臣有司，则下不乘上，贱不乘贵。"

【译文】

国家制定法令不可以不严格，而官吏执法却不可以没有仁恕之心。

【源流】

清陈弘谋《五种遗规》之"熊勉庵《宝善堂居官格言》"："朝廷立法
不可不严，有司行法不可不恕。不严则不足以禁天下之恶，不恕则不足
以通天下之情。"按，熊弘备，字勉庵，《格言联璧》此句当本于清代熊弘
备编撰之文句。

严以驭役而宽以恤民①，亟于扬善而勇于去奸②，缓于
催科而勤于抚众③。

【注释】

①驭：管理。役：被使唤的人。此处指小官吏。恤（xù）：体恤，关怀。
②亟（jí）：极力，大力。
③催科：催收田租和赋税。

【译文】

管理官吏要严格而抚恤百姓要宽和,对待善行要大力表彰而对待恶行要敢于去除,催收租税要和缓而安抚百姓要勤勉。

催科不扰①,催科中抚众;刑罚不差②,刑罚中教化。

【注释】

①扰:惊扰百姓。

②差:偏差,不公平。

【译文】

催收租税时不要惊扰百姓,要在催收租税中安抚百姓;施用刑罚不要出现偏差,要在施用刑罚中教化百姓。

【源流】

清陈弘谋《五种遗规》之"熊勉庵《宝善堂居官格言》":"催科不扰,催科中抚字;刑罚不差,刑罚中教化。"按,熊弘备,字勉庵,《格言联璧》此句当本于清代熊弘备编撰之文句。

刑罚当宽处即宽①,草木亦上天生命②;财用可省时便省③,丝毫皆下民脂膏④。

【注释】

①宽:宽缓,宽和。

②上天生命:上天赋予的生命。

③财用:钱财。

④丝毫皆下民脂膏:一丝一毫那都是老百姓的血汗。下民脂膏,老百姓用血汗创造的财富,又作"民脂民膏"。五代孟昶《戒石铭》:"尔俸尔禄,民膏民脂。"

【译文】

刑罚应当宽缓的地方就宽缓些,即便草木那也是上天赋予的生命;钱财能节省时就节省些,即便一丝一毫那都是老百姓的血汗。

【源流】

清陈弘谋《五种遗规》之"熊勉庵《宝善堂居官格言》":"刑罚当宽处即宽,草木亦上天生命;财用可省时便省,丝毫皆下民脂膏。"按,熊弘备,字勉庵,《格言联璧》此句当本于清代熊弘备编撰之文句。

居家为妇女们爱怜,朋友必多怒色①;做官为衙门人欢喜,百姓定有怨声②。

【注释】

①"居家为妇女们爱怜"二句:意在说明在家过多讨好妻妾女眷,势必会牵扯精力而疏远忽略了朋友,进而会影响到朋友之间的感情。

②"做官为衙(yá)门人欢喜"二句:意在说明做官只想着衙门里官员和小吏的利益,而忽略了百姓的疾苦,势必会使百姓怨声载道。

【译文】

在家中为妇女们所喜爱而疏远了朋友,朋友们必定会感到愤怒;做官为衙门里的人所喜欢而不顾及百姓,百姓必定会怨声载道。

官不必尊显①,期于无负君亲②。道不必博施③,要在有裨民物④。禄岂须多⑤,防满则退⑥。年不待暮⑦,有疾便辞⑧。天非私富一人,托以众贫者之命⑨。天非私贵一人,托以众贱者之身⑩。

【注释】

①尊显:地位高贵显赫。

②期：希望。负：辜负。君亲：君王，亦指君王与父母。

③道：推行道义、宣扬道义。博：广泛。施：施予。

④有裨（bì）民物：有益于百姓。裨，益。民物，人民与万物。此处指
　　百姓。

⑤禄（lù）：俸禄。

⑥防满：防止因地位和权势达到极盛转而走向衰败。

⑦年：年龄，年岁。待：等到。暮：此处指年老。

⑧辞：辞官回家。

⑨"天非私富一人"二句：上天不会只让一个人富裕，而用大多数人
　　的贫穷来衬托他。私，只，仅。托，衬托。

⑩贱：卑贱。

【译文】

出仕为官不必高贵显赫，希望不辜负君王就好。推行道义不必广泛
施予，关键在于有益百姓。俸禄哪里需要那么多，当退则退。不用等到
年老，有病就辞官回家。上天不会只让一个人富裕，而用大多数人的贫
穷来衬托他。上天不会只让一个人显贵，而用大多数人的卑贱来衬托他。

【源流】

明樊良枢《密庵卮言》卷四："官不必尊显，期于无负君亲。道不论
大行，要之有裨民物。"按，此条后附"吴君章"注文，故《格言联璧》"官
不必尊显"四句当本于元代吴君章之语。

宋刘清之《戒子通录》卷四《韦世康与子弟书》："禄岂须多，防满则
退。年不待暮，有疾便辞。"按，《格言联璧》"禄岂须多"四句当本于隋
代韦世康之语。

清贺长龄《经世文编》之"《仕学一贯录》陈庆门"："天非私富一人，
原以众贫者相托也。天非私贵一人，实以众贱者相托也。"按，《格言联璧》
"天非私福一人"四句当本于清代陈庆门之语。

住世一日①，要做一日好人；为官一日，要行一日好事。

【注释】

①住世：待在世上，活在世上。

【译文】

在世一天，就要做一天好人；当官一日，就要做一天好事。

【源流】

宋罗大经《鹤林玉露》卷十三："吾乡前辈彭执中云：'住世一日，则做一日好人；为官一日，则行一日好事。'"按，《格言联璧》此句当本于宋代彭执中之语。

贫贱人栉风沐雨①，万苦千辛，自家血汗自家消受②，天之鉴察犹恕③；富贵人衣税食租④，担爵受禄⑤，万民血汗一人消受，天之督责更严⑥。

【注释】

①栉（zhì）风沐雨：以风梳头，以雨沐浴，形容奔波劳苦。《庄子·天下》："沐甚雨，栉疾风。"

②消受：享受。

③鉴察：察看，监察。

④衣税食租：穿衣吃饭皆来自田租赋税。

⑤担：担负，身负。爵：爵位。

⑥督责：督查责罚。此处指监督。

【译文】

贫贱的人奔波劳碌，经历千辛万苦，自己付出的血汗自己享受，因此上天对他的监察也就相对宽容些；富贵的人穿衣吃饭皆来自田租赋税，身负爵位接受俸禄，万千百姓的血汗自己一人享受，因此上天对他的监督也就更加严厉些。

平日诚以治民，而民信之，则凡有事于民^①，无不应矣^②；平日诚以事天^③，而天信之，则凡有祷于天^④，无不应矣^⑤。

【注释】

①有事于民：此处指征调百姓。

②应：响应。

③事天：侍奉上天，侍奉神明。

④祷（dǎo）：祈祷，祷告求福。

⑤应：此处指应验。

【译文】

平时以诚信治理百姓，百姓就会信任，所以只要征调百姓，没有不响应的；平时以诚信侍奉上天，上天就会信任，所以只要有事向上天祈祷，没有不应验的。

【源流】

清蔡世远《二希堂文集》卷二《晋阳灵雨诗序》："平日诚以治民，而民信之，则凡有事于民，无不应矣；诚以事天，而天信之，则凡有祷于天，莫不应矣。"

平民肯种德施惠^①，便是无位底卿相^②；士夫徒贪权希宠^③，竟成有爵底乞儿^④。

【注释】

①种德：积德。施惠：施恩。

②无位底卿相：没有官位的公卿宰相。无位，没有官位，没有官职。
　　卿相，公卿宰相。

③士夫：士大夫。此处指为官之人。宠：尊荣。

④有爵底乞儿：有官位的流民乞丐。有爵，有爵位，有官位。乞儿，
　　乞丐。

【译文】

平民如果能够积德施恩，那便是没有官位的公卿宰相；官员如果只贪图权力希望得宠，那便是有官位的流民乞丐。

无功而食①，雀鼠是已②；肆害而食③，虎狼是已。

【注释】

①无功：此处指对国家百姓没有功劳。食：此处指空食国家俸禄。

②雀鼠：偷盗粮食的麻雀和老鼠，比喻微不足道或品行卑劣的人。

③肆（sì）害：此处指大肆危害国家残害百姓。

【译文】

对国家百姓没有半点功劳却依旧吃着国家的俸禄，这种人不过是麻雀老鼠般的卑劣之人；大肆危害国家残害百姓却仍旧吃着国家的俸禄，这种人就是虎狼般的穷凶极恶之辈。

【源流】

明吕坤《呻吟语》卷六："无功而食，雀鼠是已；肆害而食，虎狼是已。士大夫可图诸座右。"

毋矜清而傲浊①，毋慎大而忽小②，毋勤始而怠终③。

【注释】

①清：清高，高雅。傲：此处指鄙视，看不起。浊：庸俗。

②慎大：对大事谨慎。忽小：对小事粗心。

③勤始：开始勤勉。怠终：最终懈怠。

【译文】

不要夸赞自己的清高而鄙视他人的庸俗，不要处理大事谨慎而对小事粗心，不要做事开始勤勉而最终懈怠。

勤能补拙，俭以养廉。

【译文】

勤奋可以弥补先天的笨拙，节俭可以培养廉洁的品行。

【源流】

清卢见曾《雅雨堂集》文集卷一："见曾履任以来，深思所以治洪之法，无如家大人之所以治偃者，一则曰：'俭以养廉'，一则曰：'勤能补拙'。"按，"勤能补拙""俭以养廉"二则皆散见篇籍，然将此二则合而为一者，当为卢见曾之父卢道悦，考道悦尝官偃师知县，《格言联璧》此句当本于卢道悦之语。

居官廉①，人以为百姓受福，予以为锡福于子孙者不浅也②，曾见有约己裕民者③，后代不昌大耶④？居官浊⑤，人以为百姓受害，予以为贻害于子孙者不浅也⑥，曾见有瘠众肥家者⑦，历世得久长耶⑧？

【注释】

①居官：为官，做官。

②锡福于子孙：将福气留给子孙，即为子孙造福。锡，同"赐"，传，给。

③曾见：可曾看见。约己：约束自己，严于律己。裕民：造福百姓。

④昌大：此处指家族昌盛人丁兴旺。

⑤浊：贪浊，贪腐。

⑥贻害：留下祸害。

⑦瘠（jí）众肥家：搜刮百姓富裕自家。瘠，瘦弱。此处作使动用法，使百姓瘦弱，即搜刮。

⑧历世：历朝历代。得久长：得以长久延续。

【译文】

为官清廉，别人以为是百姓享福，我以为是给自己子孙后代造福颇多，可曾看见那些严于律己并造福百姓的官员，他们的子孙后代不都是昌盛兴旺吗？为官贪浊，别人以为是百姓受祸害，我以为是留祸害给自己子孙甚多，可曾看见那些搜刮百姓且专富自家的官员，历朝历代有哪个得以长久？

以林皋安乐懒散心做官①，未有不荒怠者②；以在家治生营产心做官③，未有不贪鄙者④。

【注释】

①林皋（gāo）：泛指山林。懒散：慵懒散漫。

②荒怠（dài）：荒废懈怠。

③治生营产：谋划生计经营产业。

④贪鄙：贪婪鄙陋。

【译文】

以安享山林慵懒散漫的心态做官，没有不荒废政务的；以在家中打理生意经营产业的心态做官，没有不贪婪鄙陋的。

【源流】

清李庚乾《佐杂谱》卷上："愚按，'惟利是视'此新吾先生所谓：'以在家治生营产心为官，未有不贪鄙者也。'愿与吾辈共戒之。"按，吕坤，字叔简,又字新吾,即新吾先生,《格言联璧》"以在家治生营产心做官" 二句当本于明代吕坤之语。

念念用之君民^①,则为吉士^②。念念用之套数^③,则为俗 吏^④。念念用之身家,则为贼臣^⑤。

【注释】

①念念:一门心思,全心全意。

②吉士:贤才,栋梁。《尚书·立政》:"继自今立政,其勿以憸人,其 惟吉士,用劢相我国家。"

③套数:成系统的技巧或手法。此处指官场形成的诸多不良风气和 做官的一些固定路数。

④俗吏:恶俗的官吏。

⑤贼臣:乱臣贼子。

【译文】

全心全意想着君王和百姓的人,是国家的栋梁。一门心思想着官场 路数的人,是恶俗的官吏。一门心思想着自己身家利益的人,是乱臣贼子。

【源流】

明吕坤《呻吟语》卷四:"居官念头有三用,念念用之君民,则为吉士。 念念用之套数,则为俗吏。念念用之身家,则为贼臣。"

古之从仕者养人^①,今之从仕者养己^②。古之居官也, 在下民身上做工夫。今之居官也,在上官眼底做工夫^③。

【注释】

①养人:此处指关心百姓。

②养己:此处指关心自己。

③上官：上级。

【译文】

古时做官的人关心百姓，现在做官的人关心自己。古时做官的人，在百姓身上下真工夫。现在做官的人，在上级眼里做表面工夫。

【源流】

隋王通《中说》："子曰：'古之从仕者养人，今之从仕者养己。'"

在家者不知有官①，方能守分②；在官者不知有家③，方能尽分。

【注释】

①在家者：此处指官员的家属。

②守分：安守本分。

③家：此处指自己家族的利益得失。

【译文】

官员的家属能忘记自己的亲人是官员，这样才能安守本分；在外做官的人能忘记自己家族的利益得失，这样才能尽到本分。

君子当官任职，不计难易，而志在济人①，故动辄成功②；小人苟禄营私③，只任便安④，而意在利己，故动多败事⑤。

【注释】

①济人：帮助百姓。

②动辄成功：只要去做就会成功。

③苟禄营私：贪图俸禄谋取私利。苟，贪图。营私，谋求私利。

④任：承担，担任。便安：此处指安逸闲适的差事。

⑤败事：失败。

【译文】

君子做官任职，不计较事情的难易，只想着帮助百姓，所以只要去做就会成功；小人贪图俸禄谋取私利，只承担那些安闲的差事，想着为自己谋利，所以只要去做就会失败。

【源流】

清陈弘谋《五种遗规》之"何西畴《常言》"："君子当官任职，不计难易，而志在必为，故动而成功；小人苟禄营私，择己利便，而多所避就，故用必败事。"按，何坦，号西畴，《格言联璧》此句当本于宋代何坦之语。

职业是当然底①，每日做他不尽，莫要认作假②；权势是偶然底③，有日还他主者④，莫要认作真⑤。

【注释】

①职业：此处指分内的公务。《荀子·富国》："事业所恶也，功利所好也，职业无分，如是，则人有树事之患而有争功之祸矣。"唐杨倞注："职业，谓官职及四人之业也。"当然：此处指理所当然。

②认作假：认为是假的，即不认真对待，玩忽职守。

③偶然：此处指偶然得到的。

④还：此处指交给。主：掌管。

⑤认作真：认作是真的，即把持权力，怙恃弄权。

【译文】

公务是理所当然要做的，每天做也做不完，不要因为这样就玩忽职守；权势是偶然得到的，终有一天会交给他人掌管，不要因为这样就怙恃弄权。

【源流】

清陈弘谋《五种遗规》之"王朗川《言行汇纂》"："居官者，职业是当然的，每日做他不尽，莫要认作假；权势是偶然的，有日还他主者，莫要认作真。"按，王之铁，号朗川，《格言联璧》此句当本于清代王之铁编撰之文句。

一切人为恶，犹可言也[1]，惟读书人不可为恶，读书人为恶，更无教化之人矣[2]；一切人犯法，犹可言也，惟做官人不可犯法，做官人犯法，更无禁治之人也[3]。

【注释】

[1]犹可言：此处指问题尚不严重。《公羊传·隐公五年》："僭诸公犹可言也，僭天子不可言也。"汉何休注："前僭八佾于惠公庙，大恶，不可言也。"《公羊传》以义解经，其载"不可言者"皆系"大恶"，而"可言者"尚不至罪恶深重。

[2]更无：再也没有。

[3]禁治：制止管理。

【译文】

所有人作恶，问题尚不严重，唯有读书人绝对不可以作恶，因为读书人如果作恶，那么天下就再也没有推行教化的人了；所有人犯法，问题尚不严重，唯有做官人绝对不可以犯法，因为做官人如果犯法，那么天下就没有制止管理的人了。

【源流】

明吕坤《呻吟语》卷四："一切人为恶，犹可言也，惟读书人不可为恶，读书人为恶，更无教化之人矣；一切人犯法，犹可言也，惟做官人不可犯法，做官人犯法，更无禁治之人也。"

士大夫济人利物[1]，宜居其实，不宜居其名，居其名则德损；士大夫忧国为民，当有其心，不当有其语，有其语则毁来。

【注释】

①利物：利益万物，造福社会。《周易·乾卦》："文言曰：'嘉会足以合礼，利物足以和义。'"唐孔颖达正义："言君子利益万物，使物各得其宜，足以和合于义，法天之利也。"

【译文】

做官的人帮助百姓造福社会，应当注重实效，而不应当在意虚名，在意虚名反而会损害德行；做官的人忧国忧民，应当有真心实意，而不应当只说空话，只说空话反而会遭到毁谤。

【源流】

清陈弘谋《五种遗规》之"熊勉庵《宝善堂居官格言》"："士大夫济人利物，宜居其实，不宜居其名，居其名则德损；士大夫忧国为民，当有其心，不当有其语，有其语则毁来。"按，熊弘备，字勉庵，《格言联璧》此句当本于清代熊弘备编撰之文句。

以处女之自爱者爱身①，以严父之教子者教士②。执法如山，守身如玉③，爱民如子，去蠹如仇④。

【注释】

①爱身：爱惜自己的名节。身，自己。此处指自己的名节。

②教士：教导年轻人。士，士子。此处指年轻人。

③守身如玉：守护名节，洁身自爱，如玉般洁白无瑕。《孟子·离娄上》："守孰为大？守身为大。"汉赵岐注："守身，使不陷于不义也。"

④去蠹（dù）如仇：去除丑恶犹如仇敌一样毫不留情。蠹，本指蛀蚀器物的虫子。此处指社会的丑恶。《吕氏春秋·达郁》："树郁则为蠹。"汉高诱注："蠹蝎，木中之虫也。"

【译文】

像姑娘洁身自爱一样爱惜自己的名节,像严厉的父亲教导儿子一样教导年轻人。执行法令犹如高山一样毫不动摇,保持名节犹如美玉一样纯洁无瑕,爱护百姓犹如父母一样关怀有加,去除丑恶犹如仇敌一样毫不留情。

【源流】

清陈弘谋《五种遗规》之"魏环溪《寒松堂集》":"功令森严,身名为重,内外情面概宜谢绝,然后以处女之自爱者爱身,以严父之教子者教士。士风文运,实嘉赖之。"按,魏象枢,字环溪,《格言联璧》"以处女之自爱者爱身"二句当本于清代魏象枢之语。

清陈弘谋《五种遗规》之"魏环溪《寒松堂集》":"惟望执事执法如山,守身如玉,爱民如子,去蠹如仇,诲属吏如师之教弟,阅招详如弟之亲师,荐举贤良如读古人得意之书。"按,魏象枢,字环溪,《格言联璧》"执法如山"四句当本于清代魏象枢之语。

陷一无辜[①],与操刀杀人者何别[②];释一大憝[③],与纵虎伤人者无殊[④]。

【注释】

①陷:陷害。无辜:无罪的,清白的。《尚书·汤诰》:"并告无辜于上下神祇。"汉孔安国注:"言百姓兆民并告无罪,称冤诉天地。"

②操:拿。

③释:释放。大憝(duì):穷凶极恶之人。《尚书·康诰》:"王曰:'封,元恶大憝,矧惟不孝不友。'"汉孔安国注:"大恶之人犹为人所大恶。"

④纵:放。殊:不同。

【译文】

陷害一个清清白白的人,与拿刀杀人有什么分别;释放一个穷凶极恶的人，与放虎伤人有什么不同。

【源流】

清陈弘谋《五种遗规》之"熊勉庵《宝善堂居官格言》"："陷一无辜，与操刀杀人者同罪；释一大憝，与纵虎伤人者均恶。"按，熊弘备，字勉庵，《格言联璧》此句当本于清代熊弘备编撰之文句。

　　针芒刺手[①]，茨棘伤足[②]，举体痛楚[③]，刑惨百倍于此[④]，可以喜怒施之乎[⑤]？虎豹在前，坑阱在后[⑥]，百般呼号[⑦]，狱犴何异于此[⑧]，可使无辜坐之乎[⑨]？

【注释】

①针芒：针尖。

②茨（cí）棘：荆棘。《诗经·小雅·楚茨》："楚楚者茨，言抽其棘。"汉郑玄注："茨，蒺藜。伐除蒺藜与棘。"

③举体：全身。

④刑：刑罚。惨：残酷。

⑤可以：怎么可以，表反问。喜怒：此处指依据个人的喜怒。

⑥坑阱（jǐng）：陷阱。

⑦百般：用尽各种方法。此处指用尽全力。呼号：因悲伤无助而叫喊哀嚎。

⑧狱犴（àn）：监狱。犴，古代地方行政单位拘押犯人的处所。《荀子·宥坐》："狱犴不治，不可刑也。"唐杨倞注："狱犴不治，谓法令不当也。犴亦狱也。"

⑨坐：获罪。此处指遭受折磨。

【译文】

针尖扎进手心，荆棘划破脚底，全身都会疼痛难忍，然而刑罚要比这些残酷百倍，怎么可以依据个人喜怒而随意施加呢？虎豹挡在前面，身后遍布陷阱，用尽全力叫喊哀嚎，监狱中的情况与这又有什么分别，怎么可以使清白的人遭受这样的折磨呢？

【源流】

宋真德秀《政经》之《论州县官僚》："针芒刺手，茨棘伤足，举体懔然谓之痛楚，刑威之惨百倍于此，其可以喜怒施之乎？虎豹在前，坑阱在后，号呼求救唯恐不免，狱刑之苦何异于此，其可使无辜坐之者乎？"

官虽至尊①，决不可以人之生命佐己之喜怒②；官虽至卑③，决不可以己之名节佐人之喜怒④。

【注释】

①至尊：此处指官位极高。

②以：用，拿。佐：此处指迎合。

③至卑：此处指官位极低。

④人：别人。此处指上级。

【译文】

官位虽高，也决不可以拿别人的生死来迎合自己的喜怒；官位虽低，也决不可以拿自己的名节来迎合别人的喜怒。

【源流】

清陈弘谋《五种遗规》之"熊勉庵《宝善堂居官格言》"："官虽至尊，不可以人之生命佐己之喜怒；官虽至卑，不可以己之名节佐人之喜怒。"按，熊弘备，字勉庵，《格言联璧》此句当本于清代熊弘备编撰之文句。

听断之官①，成心必不可有②；任事之官③，成算必不可无④。

【注释】

①听断：听讼断案，审理案件。《荀子·荣辱》："政令法，举措时，听

断公。"

②成心：先入为主的见解。

③任事：当差办事。

④成算：事先筹划的方案。

【译文】

听讼断案的官员，心中一定不能有先入为主的见解；当差办事的官员，心中一定不能没有事先筹划的方案。

无关紧要之票^①，概不标判^②，则吏胥无权^③；不相交涉之人^④，概不往来，则关防自密^⑤。

【注释】

①票：此处指政令公文。

②标判：签发。明佘自强《治谱》卷三"先期佥押"条："凡次日应申文书，应行牌票，与夫一切应佥、应押、应标判用印，俱要头一日申时候晚堂事毕传进。"

③吏胥：官府中的小官吏，又作"胥吏"。唐白居易《和除夜作》："我统十郎官，君领百吏胥。"

④交涉：此处指公务上的往来。

⑤关防：防止机密泄露的一种印信。此处代指国家机密。《大明律》卷二十四《刑律七》"伪造印信历日"条："伪造关防印记者，杖一百，徒三年。"

【译文】

无关紧要的政令公文，一概不签发，这样官府中的小官吏就没了权力；没有公务往来的人，一概不与交往，这样国家的机密就会保守严密。

无辜牵累难堪^①，非紧要^②，只须两造对质^③，保全多少身家④；疑案转移甚大⑤，无确据，便当末减从宽⑥，休养几人性命⑦。

【注释】

①牵累：此处指遭受案件牵连。难堪：此处指处境艰难。

②非紧要：此处指只要案件不是太过重要。

③两造：囚犯和证人，亦指涉案双方。《尚书·吕刑》："两造具备，师听五辞。"

④身家：此处指人的清白与名声。

⑤转移：此处指疑点。

⑥末减：从轻论罪或减刑。

⑦休养：此处指保全。

【译文】

无辜之人遭受案件牵连处境艰难，只要不是太重要的案件，只需双方对质就可以了，这样可以使多少人的清白得以保全。疑难案件存在颇多疑点，因此只要没有确凿证据，就应对当事人从轻论罪宽大处理，这样可以使多少人的性命得以保全。

呆子之患，深于浪子①，以其终无转智②；昏官之害，甚于贪官，以其狼藉及人③。

【注释】

①深：甚，严重。

②以：表原因。其：代指呆傻之人。转智：变聪明。

③狼藉：糟蹋，祸害。

【译文】

呆傻之人的祸患，要比那些轻薄浪荡之人严重得多，因为他永远也不会变聪明；昏庸之官的危害，要比那些贪官严重得多，因为他的昏庸无能会祸害到广大百姓。

官肯著意一分①，民受十分之惠；上能吃苦一点②，民沾万点之恩③。

【注释】

①著意：用心。此处指关心百姓。

②上：在上位者。此处指官员。

③沾：得到恩泽，得到好处。

【译文】

官员能够对百姓关心一分，百姓就会受到十分的恩惠；官员能够吃一点苦，百姓就会得到万点恩惠。

礼繁则难行①，卒成废阁之书②；法繁则易犯，益甚决裂之罪③。

【注释】

①繁：繁琐。

②卒：最终，最后。废阁：搁置而不实施，亦作"废格"。《史记·平准书》："张汤用峻文决理为廷尉，于是见知之法生，而废格沮诽穷治之狱用矣。"

③决裂之罪：深重的罪行。

【译文】

礼节繁琐便难于施行，终究会成为无法实施的一纸空文；法令繁多便易于触犯，这要比深重的罪行还要可怕。

【源流】

明吕坤《呻吟语》卷五："礼繁则难行,卒成废阁之书;法繁则易犯,益甚决裂之罪。"

善启迪人心者,当因其所明而渐通之①,毋强开其所闭②;善移易风俗者,当因其所易而渐反之③,毋强矫其所难④。

【注释】

①因:遵从,按照。通:开导。

②强:硬性地,强行地。开:开化,打开。闭:此处指百姓固有的蒙昧状态。

③反:此处指改善,改正。

④难:此处指难以改变的风俗习惯。

【译文】

善于开导百姓的人,应当从百姓明白的地方入手并逐渐开导,而不会对他们固有的蒙昧状态强行开化。善于改善风俗的人,应当从百姓容易改变的地方入手并逐渐改善,而不会去强行矫正他们难以改变的风俗习惯。

【源流】

清陈弘谋《五种遗规》之"熊勉庵《宝善堂居官格言》":"善启迪人心者,当因其所明而渐通之,毋强开其所闭;善移易风俗者,当因其所易而渐反之,毋轻矫其所难。"按,熊弘备,字勉庵,《格言联璧》此句当本于清代熊弘备编撰之文句。

非甚不便于民,且莫妄更①;非大有益于民,切莫轻举②。

【注释】

①妄更:轻易改变。

②轻举：轻易施行。

【译文】

无论什么法令，如果没有给百姓带来极大的不便，就不要轻易改变；无论什么法令，如果不能给百姓带来极大的好处，就不要轻易施行。

【源流】

宋胡太初《昼帘绪论》之《临民篇》："非甚不便于民，不必好为更革；非甚宜益于民，不必轻为兴举。"

情有可通①，莫于旧有者过裁抑②，以生寡恩之怨③；事在得已④，莫于旧无者妄增设⑤，以开多事之门。

【注释】

①情有可通：此处指法令在情理上能讲得通。

②旧有者：此处指旧的制度，旧的法令。裁抑：删减。

③怨：不满。

④事在得已：此处指不得已需要颁布新的法令。

⑤旧无者：原本没有的法令。

【译文】

情理上能讲得通的法令，就不要将旧的条款做过多删减，以免刻薄寡恩而招致百姓的不满；不得已需要颁布的法令，千万不要随意增设一些原本没有的条款，以致给百姓带来更多麻烦。

【源流】

清陈弘谋《五种遗规》之"熊勉庵《宝善堂居官格言》"："情有可通，莫于旧有者过裁抑，以生寡恩之怨；事在得已，莫于旧无者妄增设，以开多事之门。若理当革时，当兴合于事势人情则非所拘矣。"按，熊弘备，字勉庵，《格言联璧》此句当本于清代熊弘备编撰之文句。

为前人者，无干誉矫情①，立一切不可常之法②，以难后人③；为后人者，无矜能露迹④，为一朝即改革之政⑤，以苦前人⑥。

【注释】

①干誉：求取名誉。矫（jiáo）情：矫揉造作。

②立：立法，颁布。不可常：不能作为规则的。此处指难以施行的。

③难：难为，出难题。

④矜（jīn）：夸耀。露：显露，显耀。迹：同“绩”，功绩。

⑤一朝：形容时间短暂。即：仓促，急迫。

⑥以苦前人：使前人白费辛苦。

【译文】

作为前人，不应该求取名誉矫揉造作，进而立下难以施行的法规，给后人出难题；作为后人，不应该夸耀才能显耀功绩，进而推行难以长久的仓促改革，让前人白费辛苦。

【源流】

明吕坤《呻吟语》卷五：“凡居官为前人者，无干誉矫情，立一切不可常之法，以难后人；为后人者，无矜能露迹，为一朝即改革之政，以苦前人。”

事在当因①，不为后人开无故之端②；事在当革，毋使后人长不救之祸③。

【注释】

①事：此处指法令制度。因：因袭，承袭。

②无故：没有原因，没有理由。端：开端，先例。

③不救之祸：无法补救的灾祸。此处指因法令问题而造成的灾祸。

【译文】

法令应当承袭就要承袭下去，不要给后人开启无故更改制度的先例；法令应当变革就要彻底变革，不要给后人造成无法挽救的灾祸。

【源流】

明吕坤《呻吟语》卷五："为政者贵在因时，事在当因，不为后人开无故之端；事在当革，不为后人长不救之祸。"

利在一身勿谋也，利在天下者谋之；利在一时勿谋也，利在万世者谋之。

【译文】

只对自己一人有利的事不要谋划，对全天下人都有利的事才可以谋划；只对社会一时有利的事不要谋划，对千秋万世都有利的事才可以谋划。

【源流】

清陈弘谋《五种遗规》之"熊勉庵《宝善堂居官格言》"："利在一身勿谋也，利在天下者谋之；利在一时勿谋也，利在万世者谋之。"按，熊弘备，字勉庵，《格言联璧》此句当本于清代熊弘备编撰之文句。

莫为婴儿之态①，而有大人之器②。莫为一身之谋，而有天下之志③。莫为终身之计④，而有后世之虑⑤。

【注释】

①态：举动，动作。

②器：度量，器度。

③天下之志：此处指为天下苍生谋划的志向。

④终身之计：此处指只为自己的一辈子谋划。

⑤后世之虑：此处指为子孙后代考虑。

【译文】

不要做出小孩儿的举动，要有大丈夫的器度。不要只为自己一人谋划，要有为天下苍生谋划的志向。不要只为自己一辈子打算，要为子孙后代多做些考虑。

【源流】

宋吕祖谦《宋文鉴》卷第九十二"谢良佐《论语解序》"："莫为婴儿之态，而有大人之器。莫为一身之谋，而有天下之志。莫为终身之计，而有后世之虑。"按，《格言联璧》此句当本于宋代谢良佐之语。

用三代以前见识①，而不失之迂；就三代以后家数②，而不邻于俗③。

【注释】

①用三代以前见识：用夏、商、周三代以前的经验和理念来治理天下。三代，夏、商、周三朝。见识，此处指治理国家的经验和理念。

②家数：方法和手段。

③邻于俗：近于俗，落入俗套。

【译文】

用三代以前的经验和理念，而不会流于迂腐和拘泥；用三代以后的方法和手段，而不会落入为政的俗套。

【源流】

明吕坤《呻吟语》卷五："用三代以前见识而不迂，就三代以后家数而不俗。可以当国矣。"

大智兴邦，不过集众思；大愚误国，只为好自用。

【译文】

有大智慧的人能兴国兴邦，其实所谓大智慧不过是能集合众人的思想而已；极其愚蠢的人能误国误民，其实所谓愚蠢至极不过是听不进大家的意见爱自以为是罢了。

吾爵益高，吾志益下①。吾官益大，吾心益小②。吾禄益厚，吾施益博③。

【注释】

①志：态度。下：此处指态度谦卑。

②心：心思，思虑。小：此处指思虑谨慎。

③施：施舍。博：广泛。

【译文】

我的爵位越高，我的态度便越谦卑。我的官职越大，我的思虑便越谨慎。我的俸禄越多，我的施舍便越广泛。

【源流】

《列子》卷八："孙叔敖曰：'吾爵益高，吾志益下。吾官益大，吾心益小。吾禄益厚，吾施益博。'"

安民者何？无求于民，则民安矣；察吏者何①？无求于吏，则吏察矣②。

【注释】

①察吏：监察官吏。察，监察，考察。

②察：此处指自察，即官吏自然清廉自律了。

【译文】

如何使百姓安乐呢？只要不向百姓索取什么，百姓就自然安乐了；

如何监察官吏呢？只要不向官吏索取什么，官吏就自然清廉自律了。

【源流】

清张培仁《静娱亭笔记》卷二："蒋楚珍曰：'安民者何？无求于民，则民安矣；察吏者何？无求于吏，则吏察矣。'"按，蒋鸣玉，字楚珍，《格言联璧》此句当本于清代蒋鸣玉之语。

不可假公法以报私仇，不可假公法以报私德^①。天德只是个无我^②，王道只是个爱人^③。

【注释】

①私德：个人的恩德。

②天德：最高的德行。无我：忘记自我，即没有私心。

③王道：古时指以仁义统治天下。爱人：此处指关爱百姓。

【译文】

不可以借国家法律报个人仇恨，不可以借国家法律报个人恩德。最高的德行不过是无私忘我，最好的政策不过是关爱百姓。

【源流】

明谷中虚《薛文清公要言》卷上："固不可假公法以报私仇，亦不可假公法以报私德。"按，薛瑄谥文清，《格言联璧》"不可假公法以报私仇"二句当本于明代薛瑄之语。

明吕坤《呻吟语》卷一："天德只是个无我，王道只是个爱人。"

惟有主^①，则天地万物自我而立^②；必无私，斯上下四旁咸得其平^③。

【注释】

①主：主见。此处指心存圣贤之道。

②天地万物自我而立：即自己心中建立起评判天地万物的基准和立场。

③上下四旁：即上下四方，指整个人类社会。咸：皆，都。平：和谐相
　处的完美状态。

【译文】

做人心存圣道，便有了评判天地万物的基准和立场；做人心地无私，
整个社会的上下四方皆会和谐相处各得其所。

【源流】

清黄宗羲《明儒学案》卷十四"中承张浮峰先生元冲"条："揭座右曰：
'惟有主，则天地万物自我而立；必无私，斯上下四旁咸得其平。'"按，《格
言联璧》此句当本于明代张元冲之座右铭。

治道之要^①，在知人^②。君德之要，在体仁^③。御臣之要^④，
在推诚^⑤。用人之要，在择言^⑥。理财之要，在经制^⑦。足用
之要^⑧，在薄敛^⑨。除寇之要^⑩，在安民。

【注释】

①治道：治理国家。要：关键。

②知人：鉴别人的品行和才能，即识别人才。《尚书·皋陶谟》："知
　人则哲，能官人。"

③体仁：躬行仁道，亲自施行仁义。《周易·乾卦》："文言：'君子体
　仁，足以长人。'"

④御臣：驾驭臣下。

⑤推诚：以诚相待。

⑥择言：选择适当的话，即听取正确的建议。《国语·晋语》："择言
　以教子，择师保以相子。"

⑦经制：管理节制。此处指合理管控。

⑧足用：此处指国家财用充足。

⑨薄敛（liǎn）：少征赋税。薄，少。敛，征税。汉晁错《论贵粟疏》："明主知其然也，故务民于农桑，薄赋敛，广畜积，以实仓廪，备水旱，故民可得而有也。"

⑩除寇（kòu）：平定贼寇。

【译文】

治理国家的关键，在于识别人才。君王有德的关键，在于亲自施行仁义。驾驭臣下的关键，在于以诚相待。任用人才的关键，在于听取正确建议。管理财政的关键，在于合理管控。财用充足的关键，在于少征赋税。平定贼寇的关键，在于安抚百姓。

【源流】

明刘宗周《学言》："治道之要，在知人。君德之要，在体仁。御臣之要，在推诚。用人之要，在择言。理财之要，在经制。足用之要，在薄敛。除寇之要，在安民。"

未用兵时，全要虚心用人①；既用兵时，全要实心活人②。

【注释】

①全要：务必，尽力做到。用人：此处指任用贤才。

②实心：全心全意。活人：保全人命，即尊重生命，不滥杀无辜。

【译文】

没到用兵打仗的时候，务必虚怀若谷任用贤才；到了用兵打仗的时候，务必全心全意保全人命。

天下不可一日无君，故夷齐非汤武①，明臣道也，不然，则乱臣接踵而难为君②；天下不可一日无民，故孔孟是汤武③，明君道也，不然，则暴君接踵而难为民④。

【注释】

①夷齐非汤武：伯夷、叔齐批评商汤、周武王。夷齐，伯夷、叔齐，皆为商朝末年贤人，认为周武王身为商朝的臣子，伐商是不对的。非，批评，批判。汤武，商汤、周武王，皆为圣明君主。商汤，因夏朝无道而灭夏朝，成为商朝开国君主；周武王，因商朝无道而灭商朝，成为周朝开国君主。《史记·伯夷列传》："武王载木主，号为文王，东伐纣。伯夷、叔齐叩马而谏曰：'父死不葬，爰及干戈，可谓孝乎？以臣弑君，可谓仁乎？'"

②难为君：难以为君，即君主的地位难以稳固。

③孔孟是汤武：指孔子、孟子肯定商汤、周武王。《孔子家语·辩乐解》："纣为天子，荒淫暴乱而终以亡。"《孟子·梁惠王下》："闻诛一夫纣矣，未闻弑君也。"是，肯定，称赞。

④难为民：难以为民，即天下百姓民不聊生。

【译文】

国家不可以一天没有君主，所以伯夷、叔齐批评商汤、周武王，这是明白做臣子的道理，如果不这样的话，那么乱臣贼子会一个接着一个地出现，君主的地位就难以稳固了；国家不可以一天没有百姓，所以孔子、孟子称赞商汤、周武王，这是明白做君王的道理，如果不这样的话，那么暴虐的君主会一个接着一个地出现，天下百姓将民不聊生。

【源流】

明吕坤《呻吟语》卷一："天下不可一日无君，故夷齐非汤武，明臣道也，此天下之大防也，不然，则乱臣贼子接踵矣而难为君；天下不可一日无民，故孔孟是汤武，明君道也，此天下之大惧也，不然，则暴君乱主接踵矣而难为民。"

庙堂之上①，以养正气为先；海宇之内②，以养元气为本③。

【注释】

①庙堂之上:朝堂之上。此处指在朝为官。庙堂,朝堂。宋范仲淹《岳阳楼记》:"居庙堂之高,则忧其民;处江湖之远,则忧其君。"

②海宇之内:四海之内。此处指普天之下。

③养元气:此处指养护民力。养,养护,休养。元气,此处指民力。

【译文】

在朝为官要以培养正气为首要;普天之下要以养护民力为根本。

【源流】

明吕坤《呻吟语》卷五:"庙堂之上,以养正气为先;海宇之内,以养元气为本。"

人身之所重者元气①,国家之所重者人才。

【注释】

①元气:此处指精神。

【译文】

对人而言,最重要的是精神;对国家而言,最重要的是人才。

【源流】

清汤斌《汤子遗书》卷三"《送宋牧仲分司赣关序》":"人身之所重者元气也,国家之所重者人才也。"按,《格言联璧》此句当本于清代汤斌之语。

惠言类

【题解】

"惠言类"一章所讲的内容并没有一个明确的主题,而是赠人佳言,在生活中的方方面面都给人以指导和告诫。无论修身持家、读书治学、为人处世等都包括其中,在某种程度上是对前面几章的一个总结。所以,本章仍是告诫人们在自身修养方面要品行方正、注重道德修养;在处理家庭事务方面要勤俭持家、谦虚忍让;在为人处世方面要坚持操守、待人平和、办事谨慎、圆融通达。并且,面对世事变迁、命运好坏都要坦然面对、知足常乐。虽然这一章也谈及了忠君爱国、勤政爱民等思想,但相对而言,更侧重于指导人们对自己内心和性情的修养。因为,一切好的行为都源自好的念头,好的念头都源自善良的内心与温和的性情。在看似平淡的日常生活中,懂得修养自己的内心和性情,并做到持之以恒,这才是人生修为的理想境界。

圣人敛福①,君子考祥②;作德日休③,为善最乐。

【注释】

①敛(liǎn)福:此处指教化民众积聚福祉。敛,积聚。《尚书·洪范》:"敛时五福,用敷锡厥庶民。"唐孔颖达正义:"当先敬用五事,以敛聚五

福之道，用此为教，布与众民，使众民慕而行之，天下众民尽得中也。"

②考祥：考察过往的善恶以预知未来的吉凶。《周易·履卦》："上九，视履考祥，其旋元吉。"唐孔颖达正义："视其所履之行善恶得失，考其祸福之征祥。"

③作德日休：积德行善日子一天比一天好。作德，积德行善，做好事。日休，一天比一天好。休，吉庆，美好。《尚书·周官》："作德，心逸日休；作伪，心劳日拙。"

【译文】

圣人教化民众积聚福祉，君子考察自己的过往以预知吉凶；积德行善日子就会一天比一天好，处处为善生活就会变得无比快乐。

【源流】

宋罗大经《鹤林玉露》卷一"山谷八字"条："余家藏山谷八大字云：'作德日休，为善最乐'摘经史语，混然天成，可置座右。"按，黄庭坚，字鲁直，号山谷道人，《格言联璧》"作德日休"二句当本于宋代黄庭坚之语。

开卷有益，作善降祥①。

【注释】

①作善：行善，做好事。降：降下。此处指获得。

【译文】

读书有好处，行善得吉祥。

【源流】

宋李焘《续资治通鉴长编》卷二十四"太宗太平兴国八年"条："上曰：'朕性喜读书，开卷有益，不为劳也。'"按，太宗即宋太宗赵匡义，《格言联璧》"开卷有益"当本于赵匡义之语。

《尚书·伊训》："作善降之百祥，作不善降之百殃。"按，《格言联璧》"作善降祥"当化用《尚书·伊训》之文句。

崇德效山^①,藏器学海^②。群居守口^③,独坐防心^④。

【注释】

①崇:高。此处指提升。效:效法,学习。山:高山。此处指高山所
　代表的稳重敦厚。

②藏器:怀藏才能。此处指增长才干谦虚内敛。《周易·系辞下》:"君
　子藏器于身,待时而动。"

③群居:一群人相处。守口:闭口,指说话小心谨慎。

④独坐:独处。防心:此处指谨防那些不好的念头。

【译文】

培养德行提升品质要学习高山的稳重敦厚,增长才干谦虚内敛要学
习大海的幽深宽广。很多人在一起要说话谨慎,自己一人独处要谨防杂念。

【源流】

清钱仪吉《碑传集》卷二十四"又附《程功录》条":"山不厌高,海
不厌深,崇德学山,藏器学海,学之而至,必能负九州之重,受众流之规。"
按,《程功录》为杨名时撰,《格言联璧》"崇德学山"句当本于清代杨名
时之语。

清尤侗《艮斋杂说》卷四:"陈缑山云:'群居守口,独坐防心。'"按,
陈天祥,号缑山。《格言联璧》"群居守口"句当本于元代陈天祥之语。

知足常乐,能忍自安。

【译文】

知足的人常常快乐,能忍的人自然平安。

【源流】

《老子》第四十六章:"祸莫大于不知足,咎莫大于欲得,故知足之足,
常足矣。"《论语·卫灵公》:"子曰:'巧言乱德,小不忍则乱大谋。'"

穷达有命①，吉凶由人②。

【注释】

①穷：困顿。达：显达。有命：此处指自有命运安排。

②由人：此处指由自己把握。《左传·僖公十六年》："吉凶由人，吾不敢逆君故也。"晋杜预注："积善余庆，积恶余殃，故曰'吉凶由人'也。"

【译文】

困顿与显达自有命运安排，吉祥与凶险全由自己把握。

【源流】

《文选》卷五十二"汉班彪《王命论》"："穷达有命，吉凶由人。"按，《格言联璧》此句当本于汉代班彪之语。

以镜自照见形容①，以心自照见吉凶②。

【注释】

①形容：面容。《管子·内业》："全心在中，不可蔽匿，和于形容，见于肤色。"

②自照：照自己。此处指反省自己。见：看见。此处指预见。

【译文】

用镜子照自己看见的是面容；用内心反省自己，预见的是未来的祸福吉凶。

【源流】

《后汉书·朱晖传》注："《镜铭》曰：'以镜自照，看见形容；以人自照，看见吉凶。'"

唐张九龄《曲江集》卷之十三"《进千秋节金镜录表》"："以镜自照见形容，以人自照见吉凶。"按，《格言联璧》此句当本于张九龄化用《镜铭》之文。

　　善为至宝，一生用之不尽；心作良田，百世耕之有余①。
世事让三分，天空地阔；心田培一点，子种孙收②。

【注释】

　①"心作良田"二句：把自己的内心当作良田，子孙世代都耕种不完。
　　　此句意在说明，存养好自己的良心本性，子孙后代从中受益无穷。
　②"心田培一点"二句：多培养一点内心的善良，世代传承定会收获
　　　福气。子种孙收，世代传承收获福气。种，此处指传承。收，此处
　　　指收获福气。此句为互文，当作"子孙种、子孙收"，即子孙后代传
　　　承这种传统，那么子孙后代定会收获福气。

【译文】

　　善良是最宝贵的东西，一生都享用不完；把内心当作良田，子孙世代
都耕种不完。凡事让人三分，自然关系和谐前途广阔；多培养一点内心
的善良，世代传承定会收获福气。

　　要好儿孙①，须方寸中放宽一步②；欲成家业③，宜凡事
上吃亏三分。

【注释】

　①好：此处指造福。
　②方寸中放宽一步：内心宽容大度一些。方寸，内心。
　③家业：此处指家族兴旺。

【译文】

　　要想为儿孙造福，就要内心宽容大度一些；要想使家族兴旺，就要事
事谦让不争。

留福与儿孙，未必尽黄金白锶①；种心为产业②，由来皆美宅良田。

【注释】

①白锶（qiǎng）：白银，银子。

②种心：修养身心，培养品德。产业：事业。

【译文】

给儿孙留福分，没必要全都是黄金白银；把修养身心作为事业，从来都会使家族兴旺有良田美宅。

存一点天理心①，不必责效于后②，子孙赖之③；说几句阴骘话，纵未尽施于人④，鬼神鉴之⑤。

【注释】

①天理心：天理良心。

②责效：苛求收到成效。

③赖：仰赖，从中获益。

④施：此处指给予帮助。

⑤鉴：察，看。

【译文】

自己心存一点天理良心，没必要苛求以后会收到成效，子孙会从中受益；对人说几句积德的话，即便没有尽力给予帮助，世间的神明也会看在眼里。

非读书，不能入圣贤之域①；非积德，不能生聪慧之儿。

【注释】

①入圣贤之域：达到圣贤的境界。

【译文】

不读书，就不能达到圣贤的境界；不积德，就不能生养聪慧的儿女。

多积阴德，诸福自至，是取决于天。尽力农事，加倍收成，是取决于地。善教子孙，后嗣昌大①，是取决于人。事事培元气②，其人必寿；念念存本心，其后必昌。

【注释】

①后嗣（sì）：子孙后代。

②培元气：养护精神。

【译文】

多积德行善，各种福气自然会到来，这是由上天决定的。努力耕种，加倍收获粮食，这是由大地决定的。好好教育子孙，使家族昌盛人丁兴旺，这是由人决定的。处理每件事情都注意养护精神，这样的人一定长寿；考虑每件事情都心存善念，这样的人后代一定昌盛。

【源流】

清汤来贺《内省斋文集》卷二十三《何碧塘七十序》："陆平泉先生云：'世有自然之利而人不言及，何也？多积阴德，诸福自至，是取之于天。稼穑维宝，如崇如墉，是取之于地。善教子孙，后嗣昌炽，是取之于人。斯三者，正大光明而可以传之于久远。'至哉！斯言也。"按，陆树声，号平泉，《格言联璧》此句当化用明代陆树声之语。

勿谓一念可欺也，须知有天地鬼神之鉴察。勿谓一言可轻也①，须知有前后左右之窃听。勿谓一事可忽也，须知有身家性命之关系。勿谓一时可逞也②，须知有子孙祸福之报应。

【注释】

①轻：此处指随便说。

②逞（chěng）：放纵，放任。

【译文】

不要有一点欺骗的心思，要知道这世间有天地神明的监督。不要觉得可以随便说一句话，要知道周围会有他人在偷听。不要觉得可以粗心对待一件小事，要知道任何事情都可能关系到自己的身家性命。不要只图一时放纵，要知道自己的所作所为和子孙的祸福存在因果报应。

人心一念之邪，而鬼在其中焉，因而欺侮之，播弄之①，昼见于形象②，夜见于梦魂③，必酿其祸而后已。故邪心即是鬼，鬼与鬼相应，又何怪乎！人心一念之正，而神在其中焉，因而鉴察之④，呵护之，上至于父母，下至于儿孙，必致其福而后已。故正心即是神，神与神相亲，又何疑乎！

【注释】

①播弄：捉弄。

②见：同"现"，表现，呈现。形象：外貌。此处指精神气质。

③梦魂：梦境，梦乡。

④鉴察：监督。

【译文】

人的心中只要产生一点邪恶的念头，那么魔鬼便在你心中了，进而欺负、捉弄你的内心，白天表现在你的精神气质上，夜晚出现在你的梦境里，必定要酿成大祸才会停止。所以邪恶的念头就是魔鬼，并且魔鬼和魔鬼之间是相互呼应的,这又有什么奇怪的呢! 人的心中只要产生一点正直的念头,那么神明便在你心中了,进而监督、保护你的内心,上至父母双亲,下到儿女子孙,必定都受到福佑才算完满。所以,正直的念头就是神明,并且神明与神明之间是相亲近的,这又有什么值得怀疑的呢?

【源流】

清魏象枢《庸言》:"人心一念之邪,而鬼在其中焉,因而欺侮之,播弄之,昼见于形象,夜见于梦魂,必酿其祸而后已。故邪心即是鬼,鬼与鬼相应,又何怪乎! 人心一念之正,而神在其中焉,因而鉴察之,呵护之,上至于父母,下至于子孙,必致其福而后已。故正心即是神,神与神相亲,又何疑乎!"

　　终日说善言,不如做了一件;终身行善事,须防错了一件。物力维艰①,要知吃饭穿衣,谈何容易;光阴迅速,即使读书行善,能有几多②。

【注释】

①物力:指衣食日用。维:表判断,是。艰:艰难。此处指来之不易。
②几多:多少。

【译文】

整天说好话,不如做一件好事;一辈子做善事,却要防止做一件错事。衣食日用来之不易,要知道吃饭穿衣,哪有那么容易;时光飞逝,即便用来读书行善,又能做多少。

　　只字必惜①,贵之根也;粒米必珍,富之源也。片言必谨②,福之基也;微命必护③,寿之本也。

【注释】

①只字：一个字。此处指少量知识和文化。

②片言：只言片语，简短的话。

③微命：卑微的生命。

【译文】

再有限的知识和文化也要珍惜，因为这是显贵的根本；再少的粮食也要珍视，因为这是富裕的源泉。再简短的话也要小心谨慎，因为这是福祉的基础；再卑微的生命也要尽力去保护，因为这是长寿的根本。

【源流】

明刘宗周《人谱类记》："司马温公尝有言：'只字必惜，贵之本也；粒米必珍，富之源也。'"按，司马光逝后获赠太师、温国公，《格言联璧》"只字必惜"句当本于宋代司马光之语。

作践五谷①，非有奇祸②，必有奇穷③；爱惜只字，不但显荣④，亦当延寿⑤。

【注释】

①作践：糟蹋，浪费。五谷：说法不一，通常指稻、麦、黍、稷、菽五种作物，泛指粮食。《孟子·滕文公上》："后稷教民稼穑，树艺五谷。"

②奇祸：突发的灾祸。奇，此处指突发的，意外的。

③奇穷：困厄，困顿。

④显荣：显达荣耀。

⑤延寿：长寿。

【译文】

浪费粮食，即便没有突发的灾祸，也会生活困顿；爱惜知识，不仅会显达荣耀，还会使人长寿。

茹素^①，非圣人教也；好生^②，则上天意也。

【注释】

①茹素：吃素。茹，吃。

②好（hào）生：珍惜生命，即好生之德。《尚书·大禹谟》："皋陶曰：
'……与其杀不辜，宁失不经；好生之德，洽于民心，兹用不犯于
有司。'"

【译文】

吃素食，并不是圣人的教诲；但珍惜生命，却是上天的意愿。

仁厚刻薄，是修短关^①。谦抑盈满^②，是祸福关。勤俭
奢惰，是贫富关。保养纵欲，是人鬼关^③。

【注释】

①修短：此处指寿命长短。

②谦抑：谦逊，谦虚。盈满：自满。

③人鬼：此处指生死。

【译文】

仁厚还是刻薄，这是寿命长短的关键。谦虚还是自满，这是命中福
祸的关键。勤俭还是奢侈，这是生活贫富的关键。保养还是纵欲，这是
人命生死的关键。

【源流】

明吕坤《呻吟语》卷二："仁厚刻薄，是修短关。行止语默，是祸福关。
勤惰俭奢，是成败关。饮食男女，是死生关。"

造物所忌，曰刻曰巧^①。万类相感^②，以诚以忠。做人
无成心^③，便带福气。做事有结果^④，亦是寿征^⑤。

【注释】

①刻：矫揉造作。巧：投机取巧。

②万类：世间万物。相感：互相感应。此处指互相联系。

③成心：个人成见。明胡广《性理大全书》卷五："成心忘，然后可与进于道。"注："成心者，私意也。"

④有结果：此处指做事有始有终。

⑤寿征：长寿的征兆。征，征兆，迹象。

【译文】

上天造物忌讳的，就是造作和取巧。世间万物互相联系，靠的是诚实和忠正。做人没有成见，便会带来福气。做事有始有终，便是长寿的征兆。

【源流】

清张廷玉《澄怀园文存》卷十五之《先考予告光禄大夫文华殿大学士兼礼部尚书谥文端敦复府君行述》："居常训不孝等：'惟以读书立品，安分守拙，戒诈伪，绝奔竞。'故书室对联曰：'万类相感以诚，造物最忌者巧。'"按，张廷玉之父为张英，《格言联璧》"造物所忌"句当化用清代张英之语。

清陈弘谋《五种遗规》之"史揖臣《愿体集》"："做人无成心，便带福气。做事有结果，亦是寿征。"按，《格言联璧》"做人无成心"句当本于清代史典编撰之文句。

执拗者福轻①，而圆通之人②，其福必厚；急躁者寿夭③，而宽宏之士，其寿必长。

【注释】

①执拗（niù）：固执。

②圆通：圆融通达。

③夭：此处指寿命短。

【译文】

固执的人福气少，而圆融通达之人，福气必定很多；急躁的人寿命短，而宽宏大量之人，寿命必定很长。

《谦》卦六爻皆吉①，恕字终身可行②。

【注释】

①《谦》卦：《周易》六十四卦中的一卦。该卦的主旨是告诫人们要时刻保持谦虚谨慎的态度，只有这样才能平安吉祥。《周易·谦卦》："谦，亨，君子有终。"唐孔颖达正义："谦者屈躬下物，先人后己，此待物则所在皆通，故曰'亨'也。小人行谦则不能长久，唯君子有终也。"

②恕：推己及人，发自内心地理解他人，即孔子的"忠恕"之道。《论语·里仁》："曾子曰：'夫子之道忠恕而已。'"宋邢昺疏："忠，谓尽中心也；恕，谓忖己度物也。"

【译文】

《谦》卦的六爻都是平安吉祥，"恕"字的含义终身都可以奉行。

【源流】

清梁章钜《楹联丛话》卷八："通行楹帖有云：'《谦》卦六爻皆吉，恕字终身可行。'"

作本色人，说根心话①，干近情事②。

【注释】

①根心：真心。

②近情：合乎情理。

【译文】

做真真正正的自己,说真心实意的话,做合情合理的事。

【源流】

明吕坤《呻吟语》卷二:"作本色人,说根心话,干近情事。"

　　一点慈爱,不但是积德种子,亦是积福根苗,试看哪有不慈爱底圣贤;一念容忍,不但是无量德器,亦是无量福田,试看哪有不容忍底君子。

【译文】

　　一点慈爱之心,不仅是积累德行的种子,也是为后人积累福分的幼苗,试看哪有不慈爱的圣贤;一个容忍念头,不仅是德行气度的广大,也是培养福分的广大,试看哪有不忍让的君子。

　　好恶之念①,萌于夜气②,息之于静也③;恻隐之心④,发于乍见⑤,感之于动也。

【注释】

①好恶之念:即好的念头,善良的念头。此处为偏正结构。

②夜气:儒家孟子提出的概念,指夜深人静不受外界打扰时,内心中自然产生的良知和善念。《孟子·告子上》:"梏之反覆,则其夜气不足以存。夜气不足以存,则其违禽兽不远也。"

③息:滋生,生长。

④恻(cè)隐:怜悯。《孟子·公孙丑上》:"恻隐之心,仁之端也。羞恶之心,义之端也。"

⑤乍(zhà):忽然,突然。

【译文】

善良的念头，萌生于夜深人静之时，生长于平静的内心之中；怜悯的念头，产生于突然看到的那一瞬间，是因看到他人的遭遇而有所感动。

塑像栖神①，盍归奉亲②；造院居僧③，盍往救贫。

【注释】

①栖神：此处指虔诚供奉神明。

②盍（hé）：何不，不如。归：回家。奉：奉养，孝敬。亲：父母双亲。

③院：寺院，寺庙。居僧：供养僧人。

【译文】

塑造神像供奉神明，不如回家奉养父母；建造寺院供养僧人，不如去救助那些贫苦之人。

费千金而结纳势豪①，孰若倾半瓢之粟以济饥饿②；构千楹而招来宾客③，何如葺数椽之茅以庇孤寒④。悯济人穷，虽分文升合⑤，亦是福田；乐与人善⑥，即只字片言，皆为良药。

【注释】

①结纳势豪：结交豪强。结纳，结交。势豪，豪强，有钱有势的家族。

②孰（shú）：哪里，表选择判断。若：比。倾：此处指拿出，花费。粟：小米，代指粮食。饥饿：此处指饥民。

③构千楹（yíng）：大肆修建房屋馆舍。构，修建。千，此处指多。楹，房屋堂前的柱子，代指房屋。

④何如葺（qì）数椽（chuán）之茅以庇（bì）孤寒：怎么比得上搭几间

茅草屋去庇护那些孤苦受冻的人。葺，用茅草搭房。椽，搭在房屋梁上的木檩。此处指房屋的单位"间"。茅，此处指茅草屋。庇，庇护。孤寒，孤苦受冻的人。

⑤分文升合：很少的钱和粮食。分文，即分、文，都是古代较小的货币单位，形容钱数少。升合，即升、合，都是古代用来计算粮食的容积单位，形容粮食少。

⑥与人善：与人为善，善待他人。

【译文】

花费大把的金钱来结交豪强，哪里比得上拿出半瓢粮食去救助饥民；大量修建房屋馆舍来招揽宾客，怎么比得上搭几间简易的茅草屋去庇护那些孤苦受冻的人。怜悯救助他人的贫困，哪怕只有很少的金钱和粮食，也是给人造福；愿意与人为善，即便只是简单的几句话，也是化解矛盾温暖人心的良药。

谋占田园①，决生败子②；尊崇师傅，定产贤郎。

【注释】

①谋占田园：一心谋划着广置田产。占，置，购买。田园，此处指田产。

②决：一定，必定。

【译文】

一心谋划着广置田产，必定会出现败家子弟；尊敬老师注重教育，必定会教养出贤德的儿孙。

【源流】

清陈弘谋《五种遗规》之"陈希夷《心相编》"："贱买田辕，决生败子；尊崇师傅，定产贤郎。"按，陈抟，号希夷，《格言联璧》此句当本于宋代陈抟之语。

平居寡欲养身①，临大节则达生委命②；治家量入为出③，干好事则仗义轻财④。

【注释】

①平居：平时，平日。

②大节：重大事件。达生：通达人生，即淡然面对一切。《庄子·达生》："达生之情者，不务生之所无以为；达命之情者，不务知之所无奈何。"委命：听从命运安排。

③量入为出：根据家庭收入水平来决定支出的多少，即支出不超过收入，引申为勤俭节约。《礼记·王制》："以三十年之通制国用，量入以为出。"唐孔颖达正义："量其今年入之多少，以为来年出用之数。"

④仗义轻财：注重道义，轻视钱财。

【译文】

平时清心寡欲养护身体，而面临重大事件则淡然面对顺应命运安排；治理家务量入为出勤俭节约，而做好事则注重道义轻视钱财。

善用力者就力①，善用势者就势，善用智者就智，善用财者就财。

【注释】

①就：此处指借助，利用。

【译文】

善用力量的人借助力量，善用时势的人借助时势，善用智慧的人借助智慧，善用钱财的人借助钱财。

【源流】

明吕坤《呻吟语》卷三："善用力者就力，善用势者就势，善用智者就智，善用财者就财。"

身世多险途^①，急须寻求安宅^②；光阴同过客，切莫汩没主翁^③。

【注释】

①身世：此处指人生。险途：路途艰险。

②安宅：平安之处，安身之所。

③汩（gǔ）没主翁：埋没自己。汩没，埋没。主翁，自己。

【译文】

人生多有艰难险阻，急需找个安身之所；时光如同匆匆过客，切莫埋没了自己。

莫忘祖父积阴功^①，须知文字无权^②，全凭阴骘；最怕生平坏心术^③，毕竟主司有眼^④，如见心田。

【注释】

①祖父：此处指先辈，先人。

②文字无权：文章是不起多大作用的。文字，文章。此处代指科举考试。无权，没有权力，即不起作用。

③生平：平生。

④主司：指科举考试的主考官。有眼：有眼力，即分辨是非好坏的能力。

【译文】

不要忘记先辈们积累下的阴德，要知道在科举考试中文章并不起多大作用，一切全靠积累的阴德；人最怕平生坏了心思，毕竟科举考试的主考官能辨别人的好坏，就好像能看透人的内心。

天下第一种可敬人,忠臣孝子;天下第一种可怜人,寡妇孤儿。孝子百世之宗①,仁人天下之命②。

【注释】

①宗:此处指众人学习的榜样。

②仁人:有德之人。命:此处指根本。

【译文】

天下最值得尊敬的人,是忠臣孝子;天下最可怜的人,是孤儿寡妇。孝子是百世之人学习的榜样,有德之人是天下道义的根本。

【源流】

清陈弘谋《五种遗规》之"魏环溪《庸言》":"世间第一种可敬人,忠臣孝子;天下第一种可怜人,寡妇孤儿。"按,魏象枢,字环溪,《格言联璧》"天下第一种可敬人"句当化用清代魏象枢之语。

《晋书·何曾传》:"初司隶校尉傅玄著论称曾及荀颙曰:'……孝子百世之宗,仁人天下之命。'"按,《格言联璧》"孝子百世之宗"句当本于晋代傅玄之语。

形之正①,不求影之直而影自直。声之平②,不求响之和而响自和。德之崇③,不求名之远而名自远④。

【注释】

①形之正:形体端正。此处指人作风正派。形,形体。此处指人的行事作风。

②平:此处指音色平和。

③崇:此处指德行高尚。

④远:此处指声名远播。

【译文】

只要形体端正，即便不去追求影子是否正直，影子终究还是正直的。只要声音平和，即便不去追求回响是否和谐圆润，回响终究还是和谐圆润的。只要德行高尚，即便不去追求声名是否远播，声名终究还是会传遍天下的。

【源流】

晋杨泉《物理论》："形之正，不求影之直而影自直。声之平，不求响之和而响自和。德之崇，不求名之远而名自远。"

有阴德者，必有阳报[1]；有隐行者[2]，必有昭名[3]。

【注释】

①阳报：在人世间得到回报。

②隐行：犹阴德，指不为人知的善行。

③昭（zhāo）名：显赫的声名。昭，显著，显赫。

【译文】

能够积累阴德的人，必定会获得回报；暗中做好事的人，必定会有显赫的声名。

【源流】

《淮南子·人间训》："夫有阴德者，必有阳报；有隐行者，必有昭名。"

施必有报者，天地之定理[1]，仁人述之以劝人；施不望报者，圣贤之盛心[2]，君子存之以济世[3]。

【注释】

①定理：永恒不变的真理。

②盛心：深厚美好的志向。

③济世：救助世人。

【译文】

给他人施以恩惠必定会收获回报，这是天地间不变的道理，有德之人讲述这个道理来劝导世人；给他人施以恩惠而不期待得到回报，这是圣贤之人深沉美好的志向，君子心存这种志向来救助世人。

面前的理路要放得宽①，使人无不平之叹②；身后的惠泽要流得远③，令人有不匮之思④。

【注释】

①面前的理路：此处指自己面前的境况。

②不平之叹：因命运不公而发出慨叹。

③惠泽：恩泽。

④不匮（kuì）之思：不尽的思念，即因感念恩泽而思念。匮，尽。

【译文】

对待自己面前的境况心胸要放宽些，使他人不要对你有命运不公的慨叹；对待身后留给后人的恩泽要使之持续得长久些，使后人对你有不尽的思念。

【源流】

明洪应明《菜根谭》："面前的田地要放得宽，使人无不平之叹；身后的惠泽要流得长，使人有不匮之思。"

不可不存时时可死之心①，不可不行步步求生之事②。作恶事，须防鬼神知；干好事，莫怕旁人笑。

【注释】

①时时可死：随时会为捍卫道义而慷慨赴死。

②步步求生：处处要遵守道义而谨慎求生。

【译文】

不能不心存随时为捍卫道义而慷慨赴死的念头，不能不做到处处要遵守道义而谨慎求生。做坏事，要提防鬼神知道；做好事，不要怕旁人笑话。

【源流】

清徐文弼《寿世传真》："《虚斋语录》曰：'盖人固不可不知虚生之忧，亦不可不知有生之乐，不可不求步步求生之事，尤不可不存时时可死之心。'"按，《虚斋语录》为明代大儒陈紫峰长子陈敦履所作，《格言联璧》"不可不存时时可死之心"句当本于明代陈敦履编撰之语。

吾本薄福人，宜行惜福事。吾本薄德人，宜行积德事。薄福者必刻薄，刻薄则福愈薄矣。厚福者必宽厚，宽厚则福益厚矣。

【译文】

我本是福分少的人，应当做珍惜福分的事。我本是德行薄的的人，应当做积累德行的事。福分少的人必定刻薄，并且越刻薄则福分越少。福分多的人必定宽厚，并且越宽厚则福分越多。

【源流】

明刘宗周《人谱类记》增订五："陈眉公曰：'吾本薄福人，宜行厚德事。吾本薄德人，宜行惜福事。'数语使人寻味不尽。"按，陈继儒，号眉公，《格言联璧》"吾本薄福人"句当本于明代陈继儒之语。

清张培仁《静娱亭笔记》卷八《眉公语录》："薄福者必刻薄，刻薄则福益薄矣。厚福者必宽厚，宽厚则福益厚。"按，陈继儒，号眉公，《格言联璧》"薄福者必刻薄"句当本于明代陈继儒之语。

有工夫读书,谓之福。有力量济人,谓之福。有著述行世①,谓之福。有聪明浑厚之见②,谓之福。无是非到耳,谓之福。无疾病缠身,谓之福。无尘俗撄心③,谓之福。无兵凶荒歉之岁,谓之福。

【注释】

①行:发行,刊行。

②浑厚:质朴,敦厚。

③撄(yīng)心:扰乱心神。

【译文】

有时间读书,这就是福气。有能力救助他人,这就是福气。有著作刊行,这就是福气。有聪明质朴的见解,这就是福气。听不到是是非非,这就是福气。身体没有疾病困扰,这就是福气。没有世俗琐事打扰,这就是福气。没有赶上战乱灾年,这就是福气。

从热闹场中,出几句清冷言语①,便扫除无限杀机②。向寒微路上③,用一点赤热心肠,自培植许多生意④。

【注释】

①清冷言语:冷静理智的话。

②扫除无限杀机:化解许多麻烦。扫除,除去,化解。无限,许多。杀机,此处指麻烦。

③寒微路上:此处指出身贫贱的人。

④生意:此处指生机,意在说明给寒微之人以帮扶,使其得以发展。

【译文】

在混乱复杂的场合中,说几句冷静理智的话,便能化解许多麻烦。

对待贫寒卑贱的人，用一点热心肠，就能培养出许多生机。

入瑶树琼林中皆宝^①，有谦德仁心者为祥。

【注释】

①瑶树琼林：比喻到处是宝贝的地方。琼与瑶，皆为美玉。

【译文】

进入美玉成林的地方遍地都是宝贝，有谦逊之德和仁爱之心的人永远都会平安吉祥。

谈经济外^①，宁谈艺术^②，可以给用^③。谈日用外^④，宁谈山水，可以息机^⑤。谈心性外，宁谈因果，可以劝善。

【注释】

①经济：经世济民。此处指治国安民的国家大政。

②艺术：泛指古代各种实用技能。"艺"即"六艺"，指儒家培养人才的六项科目：礼、乐、射、御、书、数，即懂礼仪、通乐律、会射箭、能驾车、善书法、明算数。"术"即"术数"，指医、方、卜、筮，即医药、方术和占卜等一系列古代相对实用的技能。

③给用：可供实用。

④日用：此处指家庭日常生活。《诗经·小雅·天保》："民之质矣，日用饮食。"

⑤息机：消除心机。《楞严经》卷六："息机归寂然，诸幻成无性。"

【译文】

谈论国家大政之外，宁愿谈论各种实用的技能，因为这些可供实用。谈论日常生活之外，宁愿谈论山水自然，因为这些可以消除心机。谈论良心本性之外,宁愿谈论因果报应,因为这些可以劝人向善。

【源流】

明刘宗周《人谱类记》增订五:"谈经济外,宁谈艺术,可以给用。谈日用外,宁谈山水,可以息机。谈心性外,宁谈因果,可以劝善。"

艺花可以邀蝶①,垒石可以邀云②,栽松可以邀风,植柳可以邀蝉,贮水可以邀萍③,筑台可以邀月④,种蕉可以邀雨,藏书可以邀友,积德可以邀天⑤。

【注释】

①艺花:种植花草。

②垒石:堆砌假山。

③贮水:修池蓄水。

④筑台:兴建高台。

⑤邀天:此处指得到上天的眷顾。

【译文】

种植花草可以招来蝴蝶,堆砌假山可以引来云雾,栽种松柏可以招来清风,种植柳树可以引来鸣蝉,修池蓄水可以引来浮萍,兴建高台可以招揽明月,种植芭蕉可以招来细雨,广藏书籍可以引来朋友,积德行善可以得到上天的眷顾。

作德日休,是谓福地①;居易俟命②,是谓洞天③。

【注释】

①"作德日休"二句:积德行善日子一天比一天好,这就叫做进入了幸福的天地。福地,与下句中的洞天合称"福地洞天",指神仙居住的处所。此处泛指生活幸福。《尚书·周官》:"作德,心逸日休;

作伪,心劳日拙。"

②居:此处指生活。易:此处指平静,淡然。俟命:听从命运的安排。
《礼记·中庸》:"上不怨天,下不尤人,故君子居易以俟命,小人
行险以徼幸。"汉郑玄注:"易,犹平安也。俟命,听任天命也。"

③洞天:道教神仙所居之所,即"洞天福地",与上文福地相对。

【译文】

修养德行每天都能收获福祉,这就叫做进入了幸福天地。生活平静
听从命运安排,这就叫做过上了神仙日子。

心地上无波涛,随在皆风恬浪静①;性天中有化育②,触
处见鱼跃鸢飞③。

【注释】

①随在:到处,处处。风恬浪静:风平浪静。

②性天:天性,本性。化育:教化培育。

③触处见鱼跃鸢(yuān)飞:无论在何处都能自得其乐。鱼跃鸢飞,
鱼儿在湖水中跳跃,鸢鸟在天空中翱翔,指世间万物顺其自然,自
得其乐。

【译文】

如果能够内心平静,无论他在哪里都是风平浪静;天性如果得到教
化培育,无论遇到什么情况都能自得其乐。

【源流】

明洪应明《菜根谭》:"心地上无风涛,随在皆青山绿树;性天中有化
育,触处皆鱼跃鸢飞。"

贫贱忧戚,是我分内事,当动心忍性,静以俟之,更行一
切善,以斡转之①;富贵福泽,是我分外事,当保泰持盈②,慎

以守之,更造一切福,以凝承之③。

【注释】

①斡(wò)转:扭转,改变。

②保泰持盈:此处指保持安泰,操守功业。

③凝承:长久地传承。

【译文】

贫穷、卑贱、忧虑、悲伤,这些都是我的分内事,我应当使内心得到触动、性格得以坚韧,平静地等待时机,而后要更严格地要求自己,以此来扭转处境。富有、高贵、福祉、恩泽,这些都是我的分外事,我应当保有安泰,操守功业,谨慎地加以守护,而后要更尽力去造福后人,以此来实现长久地传承。

世网哪能跳出①,但当忍性耐心②,自安义命③,即网罗中之安乐窝④;尘务岂能尽捐⑤,惟不起炉作灶⑥,自取纠缠⑦,即火坑中之清凉散也。

【注释】

①世网:此处指社会上法律礼教对人的束缚。三国嵇康《答难养生论》:"奉法循理,不缠世网,以无罪自尊,以不仕为逸。"

②忍性耐心:克制性情,耐住心性。《庄子·列御寇》:"忍性以视民,而不知不信。"

③义命:本分。唐吕岩《吕子易说》:"祸福成败一听于天,而无所期望,无所设想,安于义命之自然,即所谓无妄也。"

④安乐窝:安闲舒适之所。《宋史·邵雍传》:"(邵雍)初至洛,蓬荜环堵,不庇风雨,躬樵爨以事父母,虽平居屡空,而怡然有所甚乐,人莫能窥也。及执亲丧,哀毁尽礼。……雍岁时耕稼,仅给衣食。

名其居曰'安乐窝'，因自号安乐先生。"

⑤尘务：尘俗繁杂之事。捐：弃。

⑥起炉作灶：即另起炉灶，指自己另搞一套。

⑦纠缠：烦恼。

【译文】

社会上的种种束缚哪里能跳得出去，只要能有所忍耐，安守本分，便已在这社会之网中有了自己的安乐窝；尘俗繁杂之事哪能全部抛弃，只要自己不另起炉灶，自寻烦恼，便已在这燥如火坑的世间得到了一剂清凉散。

热不可除，而热恼可除①，秋在清凉台上②；穷不可遣③，而穷愁可遣④，春生安乐窝中⑤。

【注释】

①热恼：因炎热而产生的烦恼。

②清凉台：相传原为汉明帝刘庄幼时读书避暑之处。后来两位印度僧人摄摩腾、竺法兰来到洛阳，被安排在此居住并译经传教。

③遣（qiǎn）：排遣。

④穷愁：因贫穷而产生的愁苦。

⑤春：暖暖的春意。

【译文】

炎热无法去除，但因炎热而产生的烦恼却是可以去除的，凉凉的秋意就在心中的清凉台上；贫穷无法排遣，但因贫穷而产生的愁苦却是可以排遣的，暖暖的春意就产生在自家的安乐窝中。

【源流】

明洪应明《菜根谭》："热不必除，而除此热恼，身常在清凉台上；穷不可遣，而遣此穷愁，心常居安乐窝中。"

富贵贫贱,总难称意[1],知足即为称意;山水花竹,无恒主人,得闲便是主人[2]。

【注释】

①称(chèn):意:称心如意。

②得闲便是主人:谁有空闲去观赏谁便是主人。得闲,有空闲。此
　　处指有空去观赏。

【译文】

富贵贫贱,总难令人称心如意,只要懂得知足,一切便都称心如意;
山水花竹,并无永恒的主人,只要谁有空去观赏,谁就是它们的主人。

【源流】

清梁章钜《归田琐记》卷六:"又《聪训斋语》一条云,圃翁尝拟一联
悬草堂中云:'富贵贫贱,总难称意,知足即为称意;山水花竹,无恒主人,
得闲便是主人。'其语虽俚,却有至理。"按,《聪训斋语》为张英所作,《格
言联璧》此句当本于清代张英编撰之文句。

要足何时足[1],知足便足;求闲不得闲[2],偷闲即闲[3]。

【注释】

①要足:想要得到满足。

②求闲:想要得到空闲。

③偷闲:忙里偷闲。唐白居易《岁假内命酒赠周判官萧协律》:"闻
　　健此时相劝醉,偷闲何处共寻春。"

【译文】

想要得到满足,然而什么时候才能得到满足,其实只要心里知足就
能得到满足;想要得到空闲,然而却怎么也得不到空闲,其实只要学会忙
里偷闲就能得到空闲。

【源流】

明沈佳胤《翰海》卷十二"陈眉公《杂纪》":"待足何时足,知足便足;求闲何时闲,偷闲便闲。"按,陈继儒,号眉公,《格言联璧》此句当本于明代陈继儒汇编之文句。

知足常足①,终身不辱;知止常止②,终身不耻。

【注释】

①知足:懂得满足。《老子》第四十四章:"知足不辱,知止不殆,可以长久。"汉河上公注:"知足之人绝利去欲,不辱于身。知可止则财利不累身,声色不乱于耳目,则身不危殆也。"

②知止:懂得适时停止和退却。

【译文】

懂得知足才能常常感到满足,这样终身都不会受到侮辱;懂得适时停止和退却才能常常有所节制,这样终身都不会蒙受耻辱。

【源流】

明高濂《遵生八笺》卷之二:"(《景行录》)又曰:'知足常足,终身不辱;知止当止,终身不耻。'"按,《景行录》为史弼所作,《格言联璧》此句当本于元代史弼之语。

急行缓行,前程总有许多路①;逆取顺取②,命中只有这般财③。

【注释】

①前程:此处指前面的路。

②逆取:不该得的,以不正当手段取得的。顺取:该得的,以正当手段取得的。

③这般：这些，这么多。

【译文】

无论是快走还是慢走，前面的路总还有许多；无论是不该得的还是应该得的，命中就有这么多钱财。

理欲交争①，肺腑成为吴越②；物我一体③，参商终是弟兄④。

【注释】

①理欲交争：公理与私欲的斗争。

②肺腑（fǔ）：心腹之人，极其亲近的人。吴越：春秋时的吴国和越国，两国相邻且经常打仗，后多指仇敌。《国语·越语上》："夫吴之与越也，仇雠敌战之国也。"

③物我一体：外物与自己融为一体。

④参（shēn）商：参星和商星，二星不同时出没，后多指关系疏远的人。唐杜甫《赠卫八处士》："人生不相见，动如参与商。"

【译文】

公理与私欲的斗争，会使心腹之人成为仇敌；外物与自己融为一体，即便关系疏远的人也会成为兄弟。

以积货财之心积学问，以求功名之心求道德，以爱妻子之心爱父母，以保爵位之心保国家。

【译文】

用积聚财货的心思去积累学问，用求取功名的心思去追求道德，以关爱妻子儿女的心思去关爱父母，用保护官位的心思去保卫国家。

　　移作无益之费以作有益，则事举^①。移乐宴乐之时以乐讲习^②，则智长。移信异端之意以信圣贤^③，则道明。移好财色之心以好仁义，则德立。移计利害之私以计是非^④，则义精。移养小人之禄以养君子，则国治。移输和戎之赀以输军国^⑤，则兵足。移保身家之念以保百姓，则民安。

【注释】

①举：成。

②宴乐：宴饮作乐。

③异端：古时的非正统思想和学说。《论语·为政》："攻乎异端，斯害也已矣。"宋邢昺疏："言人若不学正经善道而治乎异端之书，斯则为害之深也。"

④私：私心，心思。

⑤移输和戎（róng）之赀（zī）以输军国：把输送给敌国用来求和的物资用在保家卫国上。和戎，与敌国求和修好。《左传·襄公四年》："公曰：'然则莫如和戎乎？'对曰：'和戎有五利焉。'"赀，同"资"，物资和钱财。军国，此处指保家卫国。

【译文】

把花在没有意义事情上的钱财用到有意的事情上，那么事情就可以办成。把用来享受宴饮作乐的时间用到研究学问上，那么才智就会增长。把迷信异端邪说的心思用到信仰圣贤上，那么世间大道就会得以明白。把贪恋美色的心思用到推崇仁义上，那么道德节操就会树立。把计算利害得失的心思用到判断是非上，那么道义就会得以明晰。把供养小人的俸禄用到奉养君子上，那么国家就得到了治理。把输送给敌国用来求和的物资用在保家卫国上，那么军力就会充足。把保护自己身家性命的心思用到保护百姓上，那么百姓就能获得太平。

做大官底，是一样家数①；做好人底，是一样家数。

【注释】

①家数：方法，手段。

【译文】

做大官有做大官的方法，做好人有做好人的方法。

【源流】

明吕坤《呻吟语》卷二："做大官底，是一样家数；做好人底，是一样家数。"

潜居尽可以为善①，何必显宦②！躬行孝弟③，志在圣贤，纂辑先哲格言④，刊刻广布⑤，行见化行一时⑥，泽流后世，事业之不朽，蔑以加焉⑦；贫贱尽可以积福，何必富贵！存平等心，行方便事，效法前人懿行，训俗型方⑧，自然谊敦宗族⑨，德被乡邻⑩，利济之无穷⑪，孰大于是。

【注释】

①潜居：指隐居。《后汉书·李恂传》："潜居山泽，结草为庐，独与诸生织席自给。"尽：同样，一样。

②显宦：官位显赫。此处指做官。

③孝弟：即孝悌，孝敬父母，友爱兄弟。《论语·学而》："子曰：'弟子入则孝，出则弟，谨而信，泛爱众，而亲仁。行有余力，则以学文。'"

④纂（zuǎn）辑：编纂著述。

⑤刊刻广布：出版印行，流传甚广。刊刻，指刻板印刷书籍，泛指出版书籍。广布，流传得很广。

⑥化行：施行教化。

⑦蔑（miè）：无，没有。加：超过。

⑧训俗型方：使世俗风气得到教化改善。

⑨谊敦：即敦谊，和睦友爱。

⑩被：及。

⑪利济：帮助，施恩泽。

【译文】

隐居乡间一样可以做善事，何必非要做官！做到孝敬父母、友爱兄弟，立志达到圣贤的境界，编纂先哲的格言著述，并加以出版使之广为流传，自己的行为虽然只是一时施行教化，但恩泽却能够流传后世，这便是不朽的事业，再没有什么能超过的了。贫贱也可以积累福分，何必非要富贵！做到心中平等待人，办事多给他人方便，学习前人的善行，教化改善世俗风气，家族自然和睦友爱，德行广及乡邻，带来了莫大的帮助，还有什么会比这更好呢？

一时劝人以口，百世劝人以书。

【译文】

用言语来劝导人们，只能劝导一时；用书本来劝导人们，则可以劝导百世。

【源流】

明袁了凡《了凡四训》："韩愈云：'一时劝人以口，百世劝人以书。'"

静以修身，俭以养德，入则笃行①，出则友贤。

【注释】

①入：此处指在家。

【译文】

用平静修养身心，用俭朴培养德行，在家时为人敦厚质朴，外出时结交贤明之人。

【源流】

三国诸葛亮《诫子书》："夫君子之行，静以修身，俭以养德，非淡泊无以明志，非宁静无以致远。"

读书者不贱，守田者不饥^①，积德者不倾^②，择交者不败^③。

【注释】

①守田者：耕田的人。

②倾：此处指遭遇灾祸，遭遇危险。

③败：此处指身败名裂。

【译文】

用功读书的人不会品行卑贱，辛勤耕田的人不会挨饿，积德行善的人不会遭遇灾祸，谨慎交友的人不会身败名裂。

【源流】

清陆以湉《冷庐杂识》卷八："桐城张文端公英《聪训斋语》有云：'读书者不贱，守田者不饥，积德者不倾，择交者不败。'"按，张英谥文端，著有《聪训斋语》，《格言联璧》此句当本于清代张英之语。

明镜止水以澄心^①，泰山乔岳以立身，青天白日以应事，霁月光风以待人。

【注释】

①澄（chéng）心：内心清净澄明。《淮南子·泰族训》："凡学者能明于天人之分，通于治乱之本，澄心清意以存之，见其终始，可谓知略矣。"

【译文】

内心澄清要如明镜止水般宁静自然，树立人格要如泰山般高大雄伟,处理事情要如青天白日般光明磊落,对待他人要如明月清风般胸怀广阔。

【源流】

明耿定向《耿天台先生文集·都邸迟言》:"同年诸南明、胡庐山暨罗近溪聚晤都邸,寓壁间揭有:'明镜止水以存心,泰山乔岳以立身,青天白日以应事,霁月光风以待人。'"

省费医贫,弹琴医躁,独卧医淫,随缘医愁,读书医俗。

【译文】

节约花销可以医治贫穷,专心弹琴可以医治烦躁,独自睡眠可以医治淫欲,顺其自然可以医治忧愁,用功读书可以医治庸俗。

【源流】

明徐树丕《识小录》卷之一"《国手医》":"省费医贫,弹琴医躁,安分医贪,量力医斗,参禅医想,独寐医淫,痛饮医愁,读书医俗,此之谓国手。"按,《格言联璧》此句当化用明代徐树丕汇编之文句。

以鲜花视美色,则孽障自消①;以流水听弦歌②,则性灵何害③?

【注释】

① 孽(niè)障:此处指贪恋与痴迷。

② 弦歌:音乐。此处指市井间流行的俗乐。原为弹奏琴瑟、吟咏诗歌以教化百姓。《史记·孔子世家》:"三百五篇孔子皆弦歌之,以求合《韶》《武》《雅》《颂》之音。"

③ 性灵:此处指人天真质朴的本性。

【译文】

将美色比作鲜花来看，贪恋与痴迷自会消除；将音乐比作流水来听，本心本性又如何会受到伤害？

【源流】

明郭良翰《问奇类林》卷九："《翼学编》：'人能以明霞视美色，则业障自轻；人能以流水听弦歌，则性灵何害？'"按，《翼学编》为朱应奎所作，《格言联璧》"以鲜花视美色"句当化用明代朱应奎编撰之文句。

养德宜操琴①，炼智宜弹棋②，遣情宜赋诗，辅气宜酌酒③，解事宜读史④，得意宜临书⑤，静坐宜焚香，醒睡宜嚼茗⑥，体物宜展画⑦，适境宜按歌⑧，阅候宜灌花⑨，保形宜课药⑩，隐心宜调鹤⑪，孤况宜闻蛩⑫，涉趣宜观鱼⑬，忘机宜饲雀⑭，幽寻宜藉草⑮，淡味宜掬泉⑯，独立宜望山，闲吟宜倚树，清谈宜蕲烛⑰，狂啸宜登台⑱，逸兴宜投壶⑲，结想宜欹枕⑳，息缘宜闭户㉑，探景宜携囊㉒，爽致宜临风㉓，愁怀宜仁月㉔，倦游宜听雨，元悟宜对雪㉕，辟寒宜映日㉖，空累宜看云㉗，谈道宜访友，福后宜积德㉘。

【注释】

①操琴：抚琴，弹琴。

②弹棋：下棋。

③辅气：调养气血。

④解事：了解世事。

⑤临书：临帖，练习书法。

⑥嚼茗（míng）：饮茶。

⑦体物：体察物性。展：展开。此处指观赏。

⑧适境:安逸悠闲。按歌:伴乐高歌。

⑨阅候:观察时节。候,时节,节气。

⑩保形:保养身体。课:学习。药:此处指医药常识。

⑪隐心:使内心隐逸,即远离尘嚣。

⑫孤况:孤独寂寞。闻蛩(qióng):听虫鸣。蛩,蟋蟀。此处指昆虫的叫声。

⑬涉趣:观赏景致,体会乐趣。

⑭忘机:忘却烦恼。唐李白《下终南山过斛斯山人宿置酒》:"我醉君复乐,陶然共忘机。"机,心机。此处指因心机而产生的烦恼。

⑮幽寻:即寻幽,寻访幽深静谧之处。藉草:踏青远游。藉,踩,踏。草,代指草木丛生的幽静之处。

⑯淡味:即味淡,品味清淡。

⑰翦(jiǎn)烛:即剪烛,剪掉烧焦的灯芯,使灯火更加明亮。此处指深夜。

⑱狂啸:纵情放歌。狂,纵情。啸,此处指放歌。

⑲投壶:古时宴会中的游戏,大家轮流将箭矢投入壶中,投中少的人被罚饮酒。《礼记·投壶》:"投壶之礼,主人奉矢,司射奉中,使人执壶。"

⑳结想宜欹(qī)枕:心中有事应当倚枕静卧。结想,念念不忘。此处指心中有事。欹枕,倚着枕头。欹,靠着。

㉑息缘:断绝往来。

㉒探景:探寻美景。

㉓爽致:即致爽,体验清爽。

㉔愁怀宜伫(zhù)月:心中愁苦应当独自望月。愁怀,心中愁苦。伫,长久站立。

㉕元悟:开悟。

㉖辟寒:祛除寒气。辟,同"避",祛除。

㉗空累：身心疲倦。

㉘福后：造福后人。

【译文】

培养德行应当弹琴，锻炼心智应当下棋，抒发情感应当赋诗，调养气血应当饮酒，了解世事应当研读史书，顺心得意应当练习书法，独自静坐应当燃点沉香，睡醒时应当喝茶提神，体察物性应当观赏绘画，安逸悠闲应当伴乐高歌，观察时节应当种植花草，保养身体应当学习药理，远离尘嚣应当调养仙鹤，孤独寂寞应当静听虫鸣，观景品趣应当赏玩游鱼，忘却烦恼应当饲喂鸟雀，寻访幽静应当踏青远游，品味清淡应当捧饮甘泉，独自站立应当远望高山，闲暇吟唱应当寻荫倚树，清谈论道当在夜深人静时，纵情放歌应当登临高台，放松心情应当宴饮游戏，心中有事应当倚枕静卧，断绝来往应当闭门不出，探寻美景应当携囊远足，体验清爽应当迎风站立，心中愁苦应当独自望月，厌倦尘俗应当聆听雨声，获得感悟应当独自赏雪，祛除寒气应当多晒太阳，身心疲倦应当抬头望云，谈论事理应当拜访朋友，造福后人应当积德行善。

悖凶类

【题解】

"悖凶类"一章讲的是一些悖谬、错误并且会带来凶险和灾祸的行为。所讲的内容近乎全都是应当批判的言行和努力克服的毛病，以及由这些言行、毛病而带来的危害等。编者竭力从反面告诫人们做好人、行善事的必要性。当然，这也可以理解为一章为人处世的"反面教材"，让读者引以为戒。这一章主要针对的是富贵之人、为官之人和精明能干之人。因为灾祸往往因侮辱、侵夺乃至伤害他人而生，而恰恰是这类人具备这样的条件，因此编者格外提醒这类人要懂得修养自己。修养的重点还是在道德品质上，要敬重天道、无愧良心，时时存善念、做善事，去除自己心中的不良欲望，为子孙后代和他人着想。不要因为暂时的富贵就大肆挥霍、轻贱他人；不要因为暂时的权力就放纵欲望、欺辱他人；更不要为追逐富贵和权力就放弃了天理和良心。"悖凶类"一章谈论的重点在于提醒富贵的人、做官的人、精明的人，不要因为自身有钱财势力就去欺压人民，要敬重天道、心存善念，只有这样才能使自己生活富足、儿孙平安。无论身处哪个时代，这种思想都会促进人类社会的和谐稳定。此外，这一章也有一定的"因果报应"思想，认为自己做下的任何"恶"，最终都会遭到报应和惩罚，其用意是从反面强调了积德行善的重要意义，使人乐于为善，在科技尚未昌明的农业社会，这种思想有着一定的积极意义。

富贵家不肯从宽，必遭横祸①；聪明人不肯学厚，必夭天年②。

【注释】

①横（hèng）祸：意外的灾祸。

②夭（yāo）天年：减损寿命。夭，短命。此处指减损。天年，寿命。

【译文】

富贵人家如果不肯宽厚待人的话，那么必定会遭到意外的灾祸；聪明人如果不肯学得宽厚一些，那么必定会减损寿命。

倚势欺人，势尽而为人欺；恃财侮人，财散而受人侮。

【译文】

倚仗权势欺负他人，一旦失去了权势便会被人欺负；倚仗钱财侮辱他人，一旦钱财散尽便会被人侮辱。

暗里算人者①，算的是自家儿孙；空中造谤者②，造的是本身罪孽。

【注释】

①算：算计，暗中谋划损害他人。

②空中：凭空。造谤：造谣诽谤，说别人坏话。

【译文】

暗地里算计别人的人，最终算计的是自己的儿孙；凭空说别人坏话的人，最终是给自己制造罪孽。

【源流】

清陈弘谋《五种遗规》之"史搢臣《愿体集》"："暗里算人者，算的是自己儿孙；空中造谤者，造的是本身罪恶。"按，《格言联璧》此句当本于清代史典编撰之文句。

饱肥甘^①，衣轻暖^②，不知节者损福^③；广积聚，骄富贵^④，不知止者杀身^⑤。

【注释】

①肥甘：指肥美可口的食物。《孟子·梁惠王上》："为肥甘不足于口与？轻暖不足于体与？"

②轻暖：轻柔暖和的衣服。

③节：节制。《周易·节卦》："象曰：'天地节而四时成，节以制度，不伤财，不害民。'"

④骄：骄横，骄纵。

⑤止：此处指收敛。与上文"节"对应。

【译文】

人如果饱食肥美的食物，穿着轻柔暖和的衣服，不懂得节制最终会使福气受到减损；人如果大量积聚财富，因富贵而骄横，不懂得收敛最终会招来杀身之祸。

【源流】

宋李邦献《省心杂言》："饱肥甘，衣轻暖，不知节者损福；广积聚，骄富贵，不知止者杀身。"

文艺自多^①，浮薄之心也^②；富贵自雄^③，卑陋之见也^④。

【注释】

①文艺：文章写作才能，即文才。《大戴礼记·文王官人》："有隐于文艺者，有隐于廉勇者。"自多：自满，自夸。

②浮薄：浮躁与浅薄。

③自雄：自傲，自以为了不起。

④卑陋：卑微与浅陋。

【译文】

因文才而自夸，这是因为心中的浮躁与浅薄；因富贵而自傲，这是因为见识的卑微与浅陋。

【源流】

明吕坤《呻吟语》卷四："文艺自多，浮薄之心也；富贵自雄，卑陋之见也。"

位尊身危，财多命殆①。

【注释】

①殆（dài）：危险，凶险。

【译文】

地位尊贵显赫的人，往往处境危急；积聚大量财富的人，常常命运凶险。

【源流】

《后汉书·冯衍列传》："（田邑《报冯衍书》）：'况今位尊身危，财多命殆。'"按，《格言联璧》此句当本于汉代田邑之语。

机者祸福所由伏①，人生于机②，即死于机也③；巧者鬼神所最忌④，人有大巧，必有大拙也⑤。

【注释】

①机者祸福所由伏：灾祸与福祉都潜藏于心机之中。机，机和巧常

常连用,机巧即指心机与聪明。伏,潜藏,暗藏。此句化用《道德经》
第五十八章:"祸兮福之所倚,福兮祸之所伏。"

②生:此处指兴起。

③死:此处指败亡。

④忌:忌讳。

⑤拙:笨拙,愚蠢。

【译文】

灾祸与福祉都潜藏于心机之中,人因心机而兴起,也注定会因心机
而败亡;魔鬼和神明都忌讳太过聪明,人一旦变得极其聪明,也必定会变
得极其愚蠢。

出薄言①,做薄事,存薄心,种种皆薄,未免灾及其身;
设阴谋,积阴私②,伤阴骘③,事事皆阴,自然殃流后代④。

【注释】

①薄言:刻薄的话。

②阴私:隐秘不可告人的事。《汉书·王嘉传》:"其后稍稍变易,公
卿以下传相促急,又数改更政事,司隶、部刺史察过悉劾,发扬阴
私,吏或居官数月而退,送故迎新,交错道路。"

③阴骘(zhì):原指上苍默默地使下民安定,后引申为默默行善。《尚
书·洪范》:"惟天阴骘下民,相协厥居。"

④殃(yāng):祸殃,祸害。

【译文】

说刻薄的话,做刻薄的事,存刻薄的心,种种都这样刻薄,难免不会
使自身遭到灾祸;设计阴谋,做不可告人的事,损害阴德,事事都这样不
可告人,注定会使后代遭到祸害。

【源流】

清陈弘谋《五种遗规》之"陈希夷《心相编》":"如何短折亡身:出薄

言，做薄事，存薄心，种种皆薄；如何凶灾恶死：多阴毒，积阴私，有阴行，事事皆阴。"按，《格言联璧》此句当本于宋代陈抟之语。

积德于人所不知，是谓阴德，阴德之报，较阳德倍多①；造恶于人所不知，是谓阴恶，阴恶之报，较阳恶加惨②。

【注释】

①较阳德倍多：比阳德多出许多。

②加惨：惨重得多。

【译文】

在别人不知道的时候做善事，这就是阴德，阴德的回报，要比阳德多出许多；在别人不知道的时候做恶事，这就是阴恶，阴恶的报应，要比阳恶惨重得多。

家运有盛衰，久暂虽殊①，消长循环如昼夜②；人谋分巧拙③，智愚各别，鬼神彰瘅最严明④。

【注释】

①久暂：即长短。殊：不同，区别。

②消长循环：增减循环。消长，即增减。

③人谋：此处指人的心思。

④彰瘅（dàn）：即彰善瘅恶，表彰善行、憎恨邪恶。《尚书·毕命》："旌别淑慝，表厥宅里，彰善瘅恶，树之风声。"瘅，憎恨。

【译文】

家族命运有盛有衰，虽然有长短的区别，但增减循环就像白天黑夜一样此消彼长；人的心思有聪明有愚笨，虽然有聪明和愚笨的区别，但鬼神表彰善行、憎恨邪恶最为严明。

天堂无则已，有则君子登；地狱无则已，有则小人入。

【译文】

天堂没有就罢了，有则君子登临；地狱没有就罢了，有则小人堕入。

为恶畏人知，恶中冀有转念①；为善欲人知，善处即是恶根。

【注释】

①恶中冀有转念：恶中尚有希望悔改之念。冀，希望。转念，转变心思，改变想法。

【译文】

做坏事怕人知道，说明恶中尚有希望悔改之念；做好事想让人知道，说明为善之时已经埋下恶根。

【源流】

明洪应明《菜根谭》："为恶而畏人知，恶中犹有善路；为善而急人知，善处即是恶根。"

谓鬼神之无知①，不应祈福；谓鬼神之有知，不当为非。

【注释】

①无知：此处指不知晓，不知道。《后汉书·杨震传》："密曰：'暮夜无知者。'震曰：'天知，神知，我知，子知。何谓无知！'密愧而出。"

【译文】

认为鬼神什么都不知道，就不要去祈求福祉；认为鬼神什么都知道，就不要去为非作歹。

势可为恶而不为^①，即是善；力可行善而不行，即是恶。

【注释】

①势：此处指力量，能力。

【译文】

有作恶的能力而不去作恶，这便是善；有做好事的能力而不去做好事，这便是恶。

于福作罪^①，其罪非轻^②；于苦作福^③，其福最大^④。

【注释】

①于：处于，身处。福：此处指生活幸福。作罪：作恶。《五灯会元》
　　卷六："师曰：'汝作罪，我皆知。'"

②非轻：极其严重，非常严重。

③苦：此处指生活贫苦。作福：做好事，造福他人。

④福：此处指善行。大：此处指伟大，高尚。

【译文】

身处幸福之中却做坏事，这样的罪恶是极其严重的；身处贫苦之中却做好事，这样的善行是最伟大的。

【源流】

唐释道世《法苑珠林》卷第三十二："当知于苦修福，其福最大；于福作罪，其罪不轻。是以从苦入乐，未知乐中之乐；从乐入苦，方知苦中之苦。"按，《格言联璧》此句当本于唐代释道世编撰之文句。

行善如春园之草^①，不见其长，日有所增；行恶如磨刀之砖^②，不见其消，日有所损。

【注释】

①春园之草：春天园圃中的小草。

②磨刀之砖：磨刀用的砖石。

【译文】

做好事就好比春天园圃中的小草，虽然看不出它的生长，但它每天都在长高；做坏事就好比磨刀用的砖石，虽然看不出它的减少，但它每天都在损耗。

【源流】

明吴承恩《西游记》第二十七回："出家人行善如春园之草，不见其长，日有所增；行恶之人如磨刀之石，不见其损，日有所亏。"按，《格言联璧》此句当化用《西游记》之文句。

使为善而父母怒之①，兄弟怨之，子孙羞之，宗族乡党贱恶之，如此而不为善，可也。为善则父母爱之，兄弟悦之，子孙荣之，宗族乡党敬信之，何苦而不为善？使为恶而父母爱之，兄弟悦之，子孙荣之，宗族乡党敬信之，如此而为恶，可也。为恶则父母怒之，兄弟怨之，子孙羞之，宗族乡党贱恶之，何苦而必为恶？

【注释】

①使：假使，假如。

【译文】

假使做好事会使父母发怒，兄弟埋怨，子孙羞耻，族人和乡亲们鄙视、厌恶，如果因为这样而不去做好事，是可以的。但实际上，做好事会使父母关爱，兄弟高兴，子孙荣耀，族人和乡亲们敬重、信任，所以为什么不去做好事呢？假使做坏事会使父母关爱，兄弟高兴，子孙荣耀，族人和乡亲们敬重、信任，如果因为这样而去做坏事，是可以的。但实际上，做坏事会使父母发怒，兄弟埋怨，子孙羞耻，族人和乡亲们鄙视、厌恶，所以为什么要去做坏事呢？

【源流】

清陈弘谋《五种遗规》之"《王阳明文钞》"："使为善而父母怒之，兄弟怨之，宗族乡党贱恶之，如此而不为善，可也。为善则父母爱之，兄弟悦之，宗族乡党敬信之，何苦而不为善！使为恶而父母爱之，兄弟悦之，宗族乡党敬信之，如此而为恶，可也。为恶则父母怒之，兄弟怨之，宗族乡党贱恶之，何苦而必为恶！"按，《格言联璧》此句当本于明代王阳明之语。

　　为善之人，非独其宗族亲戚爱之，朋友乡党敬之，虽鬼神亦阴相之[①]；为恶之人，非独其宗族亲戚叛之，朋友乡党怨之，虽鬼神亦阴殛之[②]。

【注释】

①阴：暗中。相：辅助，帮助。

②阴殛（jí）：暗中惩罚。殛，杀死。此处指惩罚。《尚书·康诰》："爽惟天其罚殛我，我其不怨。"

【译文】

做好事的人，不仅会得到家族成员的爱戴，还会得到朋友和乡亲的敬重，即便鬼神也会在暗中帮助他；做坏事的人，不仅会遭到家族成员的抛弃，还会受到朋友和乡亲的怨恨，即便鬼神也会在暗中惩罚他。

【源流】

清陈弘谋《五种遗规》之《王阳明文钞》："为善之人，非独其宗族亲戚爱之，朋友乡党敬之，虽鬼神亦阴相之；为恶之人，非独其宗族亲戚恶之，朋友乡党怨之，虽鬼神亦阴殛之。"按，《格言联璧》此句当本于明代王阳明之语。

为一善而此心快惬^①，不必自言，而乡党称誉之，君子敬礼之，鬼神福祚之^②，身后传诵之；为一恶而此心愧怍^③，虽欲掩护^④，而乡党传笑之^⑤，王法刑辱之^⑥，鬼神灾祸之^⑦，身后指说之^⑧。

【注释】

①快惬（qiè）：心情舒畅。

②福祚：赐福。

③愧怍（zuò）：惭愧。《孟子·尽心上》："仰不愧于天，俯不怍于人。"

④掩护：掩盖，掩饰。

⑤传笑：传扬耻笑。

⑥刑辱：惩罚和羞辱。刑，惩罚。

⑦灾祸：此处指降下灾祸。

⑧身后：死后。指说：指责，批评。

【译文】

做了一件好事而心情舒畅，用不着自己说，就会得到乡亲的称赞，君子的尊敬和以礼相待，以及鬼神赐给的福禄，并且死后还会为人们所传诵。做了一件坏事而内心惭愧，尽管想要掩盖，但最终会遭到乡亲的耻笑，国家法律的惩罚和羞辱，以及鬼神降下的灾祸，并且死后还会遭到人们的指责。

【源流】

明吕坤《去伪斋文集》卷六《理欲生长极至之图说》："为一善而此心快惬，不必自言，而乡党称誉之，君子敬礼之，鬼神福祚之，身后传诵之，子孙荣之；为一恶而此心愧怍，虽欲掩护，而乡党传笑之，王法刑辱之，鬼神灾祸之，身后指说之，子孙羞之。"

一命之士^①，苟存心于爱物^②，于人必有所济；无用之人，苟存心于利己，于人必有所害。

【注释】

①一命之士：原指周代官阶低微的官员。此处指小官。《礼记·王制》："大国之卿，不过三命。下卿再命。小国之卿与下大夫一命。"唐孔颖达正义："此一节论大国小国卿大夫命数多少不同之事。"

②苟存心于爱物：如果能够存有仁民爱物之心。苟，如果。存心，存有某种念头。爱物，即仁民爱物，以仁善之心对待百姓并推及万物。

【译文】

即便是卑微的小官，如果存有仁民爱物之心，就一定会对他人有所帮助；即便是普通百姓，如果存有自私自利之心，就一定会对他人有所伤害。

【源流】

宋程颐、程颢《二程文集》卷十二《明道先生行状》："（明道）先生常云：'一命之士，苟存心于爱物，于人必有所济。'"按，《格言联璧》"一命之士"句当本于宋代程颢之语。

明秦金《安楚录》卷二："古人有言：'一命之士，苟存心于爱物，于人必有所济。'反而观之，一命之士，苟存心于利己，于人必有所害。"按，《格言联璧》"无用之人"句当化用明代秦金之语。

膏粱积于家，而剥削人之糠覈①，终必自亡其膏粱；文绣充于室，而攘取人之蔽裘，终必自丧其文绣。

【注释】

①糠覈（hé）：指粗劣的食物。糠，稻谷等作物加工时脱去的外壳。覈，米、麦加工后所剩的外皮碎屑。

【译文】

家中囤积着肥肉细米等精细的食物，却还要搜刮别人粗劣的饭食，这么做最终会丧失掉自己积累的财富；屋子里藏满了纹饰精美的衣服，却还要抢夺别人破旧的皮袄，这么做最终会丧失掉自己高贵的地位。

天下无穷大好事，皆由于轻利之一念[①]，利一轻，则事事悉属天理[②]，为圣为贤，从此进基[③]；天下无穷不肖事，皆由于重利之一念，利一重，则念念皆违人心，为盗为跖[④]，从此直入。

【注释】

①轻利：看轻个人利益。轻，看轻。

②属天理：合乎规矩。属，合乎。天理，此处指规矩。

③进基：开始。

④为盗为跖（zhí）：成为恶人。

【译文】

天下许多大好事之所以能够办成，都是由于心中看轻个人利益，一旦看轻了个人利益，那么所有的事情都能处理得合乎规矩，成为圣贤，便由此而开始；天下许多很坏的事之所以能够发生，都是由于心中过分看重个人利益，一旦看重了个人利益，那么所有的念头都会违背人心，成为恶人，便由此而开始。

清欲人知，人情之常，今吾见有贪欲人知者矣，朵其颐[①]，垂其涎，惟恐人误视为灵龟而不饱其欲也[②]；善不自伐[③]，盛德之事，今吾见有自伐其恶者矣，张其牙，露其爪，惟恐人不识为猛虎而不畏其威也。

【注释】

①朵其颐（yí）：即朵颐，鼓动两腮吃东西。此处引申为想让别人知道自己贪婪的一种神态，与下句"垂其涎"意义相同。朵，鼓动。颐，腮，面颊。"朵其颐，……，惟恐人误视为灵龟"句当化用《周易·颐卦》："初九，舍尔灵龟，观我朵颐，凶。"唐孔颖达正义："灵龟，谓神灵明鉴之龟兆，以喻己之明德也。朵颐，谓朵动之颐以嚼物，喻贪婪以求食也。"

②灵龟：用以占卜的大龟。

③自伐：自矜，自夸。

【译文】

自己清廉总想让别人知道，这是人之常情，现如今我却见到有这么一种人，自己明明贪婪却也想让人知道，鼓动着两腮，流着口水，唯恐别人将他误认为占卜用的大龟而不满足他的欲望；自己行善却不自夸，这是德行高尚的行为，现如今我却见到有这么一种人，自己明明恶行累累却也夸耀自己，张牙舞爪，惟恐别人不知道他像猛虎一样凶恶而不畏惧他的威势。

以奢为有福，以杀为有禄①，以淫为有缘②，以诈为有谋，以贪为有为，以吝为有守③，以争为有气④，以嗔为有威⑤，以赌为有技，以讼为有才⑥。

【注释】

①禄（lù）：俸禄。此处指权力。

②淫：淫乱。缘：艳缘。

③守：此处指善于守财。

④气：此处指勇气。

⑤嗔（chēn）：发怒，发脾气。

⑥讼：争讼，打官司。

【译文】

把奢侈当作有福气，把杀戮当作有权力，把淫乱当作有艳缘，把欺诈当作有智谋，把贪婪当作有作为，把吝啬当作会守财，把争斗当作有勇气，把发怒当作有威严，把赌博当作有技艺，把争讼当作有才能。

　　谋馆如鼠①，得馆如虎②，鄙主人而薄弟子者③，塾师之无耻也④。卖药如仙，用药如颠⑤，贼人命而诿天数者⑥，医师之无耻也。觅地如瞽⑦，谈地如舞⑧，矜异传而谤同道者⑨，地师之无耻也⑩。

【注释】

①谋馆：谋求教书的职位。馆，教书先生教学的地方。

②得馆：得到教书职位。

③薄：轻视，看不起。

④塾（shú）师：私塾先生，教书先生。

⑤用药：此处指治病救人。颠：同"癫"，疯癫，精神错乱。

⑥贼：害。诿：推诿，推卸责任。天数：上天的安排。

⑦觅：寻找。地：此处指墓地，阴宅。瞽（gǔ）：失明，眼睛看不见。

⑧谈地：此处指谈论如何选择墓地。舞：手舞足蹈，即大说特说夸夸其谈。

⑨矜（jīn）：夸耀。异传：独门真传。谤（bàng）：毁谤，说坏话。同道：同行。

⑩地师：风水先生。

【译文】

谋求教书职位时就像老鼠，得到教书职位后便像老虎，鄙视主人看不起弟子，这是作为教书先生最无耻的行为。卖药的时候就像神仙，治病救人时就像个疯子，伤害了他人的性命反而将责任归罪于上天的安排，这是作为医生最无耻的行为。寻找墓地时就像个瞎子一样乱找，谈起如何选择墓地时大说特说手舞足蹈，夸耀自己得到独门真传并说同行的坏话，这是作为风水先生最无耻的行为。

　　不可信之师，勿以私情荐之①，使人托以子弟②。不可信之医，勿以私情荐之，使人托以生命。不可信之堪舆③，勿以私情荐之，使人托以先骸④。不可信之女子，勿以私情媒之⑤，使人托以宗嗣⑥。

【注释】

①私情：个人交情。《管子·八观》："谏臣死而谀臣尊，私情行而公法毁。"荐：推荐。

②托：托付。

③堪舆（yú）：即风水。此处指风水先生。

④先骸（hái）：先人的骸骨。

⑤媒：保媒拉纤，撮合两家婚事。

⑥宗嗣（sì）：子孙后代。

【译文】

　　不可信任的教书先生，不要以私人交情向别人推荐，让别人把子弟托付给他。不可信任的医生，不要以私人交情向别人推荐，让别人把生命托付给他。不可信任的风水先生，不要以私人交情向别人推荐，让别人把先人的骸骨托付给他。不可信任的女子，不要以私人交情向别人保媒拉纤，让别人把后代子孙托付给她。

　　肆傲者纳侮①，讳过者长恶②。贪利者害己，纵欲者戕生③。

【注释】

①肆(sì)：任性，放纵。纳：此处指受到，遭到。

②讳：掩盖。长：助长。

③戕(qiāng)生：伤害性命。戕，害。

【译文】

任性傲慢会遭到侮辱，掩盖过错会助长罪恶。贪图利益会危害自己，放纵欲望会伤害性命。

【源流】

元佚名《居家必用事类全集》癸集《省心杂言》："贪利者害己，纵欲者戕生，肆傲者纳侮，讳过者长恶。"按，《省心杂言》中并未载录此文，未详其摘引自何处。

　　鱼吞饵①，蛾扑火②，未得而先丧其身③。猩醉醴④，蚊饱血，已得而随亡其躯⑤。鹚食鱼⑥，蜂酿蜜，虽得而不享其利。欲不除，似蛾扑灯，焚身乃止。贪不了，如猩嗜酒，鞭血方休⑦。

【注释】

①鱼吞饵(ěr)：鱼儿吞饵。汉张衡《归田赋》："仰飞纤缴，俯钓长流。触矢而毙，贪饵吞钩。落云间之逸禽，悬渊沉之鲨鰡。"

②蛾扑火：飞蛾扑火。《梁书·到溉传》："如飞蛾之赴火，岂焚身之可吝。"

③得：此处指得到好处。

④猩醉醴(lǐ)：猩猩喝醉了酒。醴，甘甜的美酒。与下文"猩嗜酒"同。

⑤随：随即，马上。

⑥鹚(cí)：鸬鹚，一种善于捕鱼的水禽。

⑦鞭血方休：被鞭打出血才肯罢休。鞭血，鞭打出血，指被打得很重。

【译文】

鱼儿吃饵，飞蛾扑火，还未得到好处就先丢了性命。猩猩喝醉了酒，蚊子吸饱了血，已经得到了好处却会马上丢掉性命。鸬鹚吃鱼，蜜蜂酿蜜，虽然得到了一点好处但并不能尽享其利。欲望不除，就像飞蛾扑火，直到被烧焦才会停止。贪心不灭，就像猩猩贪酒，直到被鞭打出血才肯罢休。

明星朗月，何处不可翱翔？而飞蛾独趋灯焰①；嘉卉清泉②，何物不可饮啄③？而蝇蚋争嗜腥膻。

【注释】

①趋：向着，朝着。

②嘉卉：花朵芬芳。《诗经·小雅·四月》："山有嘉卉，侯栗侯梅。"

③饮啄：饮水啄食。《庄子·养生主》："泽雉十步一啄，百步一饮，不蕲蓄乎樊中。"

【译文】

星光闪烁明月当空，什么地方不可以飞翔呢？而飞蛾偏偏却要扑向灯火；花朵芬芳清泉甘甜，什么地方不可以饮水啄食呢？而苍蝇和蚊子却偏偏争相去吃那些腥臭的东西。

【源流】

明洪应明《菜根谭》："晴空朗月，何天不可翱翔？而飞蛾独投夜烛；清泉绿卉，何物不可饮啄？而鸱鸮偏嗜腐鼠。噫！世之不为飞蛾鸱鸮者几何人哉？"

飞蛾死于明火，故有奇智者①，必有奇殃②；游鱼死于芳纶③，故有美嗜者，必有美毒④。

【注释】

①奇智：智慧超群。

②奇殃：非比寻常的灾祸。

③芳纶（lún）：香饵和钓线。芳，此处指香饵。纶，钓鱼用的丝线。

④美毒：美味的毒计。

【译文】

飞蛾死于明亮的火光中，因此智慧超群的人，一定会遭遇非比寻常的灾祸；游鱼死于香饵和钓线上，因此有所贪好的人，一定会遭遇美味的毒计。

慨夏畦之劳劳①，秋毫无补②；笑冬烘之贸贸③，春梦方回。

【注释】

①慨：慨叹。夏畦（qí）之劳劳：原指夏天在田地中辛苦劳作，后指生活奔波劳碌。畦，周围筑埂便于灌溉的田地。劳劳，奔波之貌。宋苏轼《和陶已酉岁九月九日》："伯始真粪土，平生夏畦劳。"

②秋毫无补：没有丝毫帮助。秋毫，动物秋天长出的细毛，形容微小。《史记·项羽本纪》："吾入关，秋毫不敢有所近。"补，帮助。

③冬烘（hōng）：糊涂懵懂迂腐浅陋，含讽刺之意。五代王定保《唐摭言》卷八《误放》："郑侍郎薰主文，误谓颜标乃鲁公之后。时徐方未宁，志在激劝忠烈，即以标为状元。谢恩日，从容问及庙院。标，寒畯也，未尝有庙院。薰始大悟，塞默而已。寻为无名子所嘲曰：'主司头脑太冬烘，错认颜标作鲁公。'"即唐朝郑薰，误将颜标认作颜真卿后代而取为状元之事。贸贸，昏聩之貌。

【译文】

慨叹自己奔波劳苦的人，到头来对自己没有丝毫帮助；可笑那些迂腐昏聩的人,只有大梦初醒之时才能回到现实。

吉人无论处世平和①,即梦寐神魂②,无非生意③;凶人不但作事乖戾④,即声音笑貌,浑是杀机。

【注释】

①吉人:此处指善良的人。无论:此处指无论何时。

②梦寐(mèi):睡梦之中。神魂:神志,内心。

③生意:好生之意。

④乖戾(lì):乖张暴虐。

【译文】

善良的人无论什么时候都以平和的心态面对一切,即便是在睡梦之中,心中也无不充满着好生之意;凶恶的人不仅做事乖张暴虐,即便在言语说笑之间,脑中也都充满着杀伐之念。

【源流】

明洪应明《菜根谭》:“吉人无论作行安详,即梦寐神魂,无非和气;凶人无论行事狠戾,即声音笑语,浑是杀机。”

仁人心地宽舒,事事有宽舒气象,故福集而庆长;鄙夫胸怀苛刻,事事以苛刻为能,故禄薄而泽短。

【译文】

仁善的人心胸宽广,无论做什么事都有宽广的气度,所以福气聚集而吉祥流长;鄙陋的人内心刻薄,无论做什么事都极尽刻薄,所以福禄微薄而恩泽短浅。

【源流】

明洪应明《菜根谭》:“仁人心地宽舒,便福厚而庆长,事事成个宽舒气象;鄙夫念头迫促,便禄薄而泽短,事事成个迫促规模。"

充一个公己公人心①,便是吴越一家;任一个自私自利心②,便是父子仇雠③。

【注释】

①充一个公己公人心:怀有一颗对己对人都公平公正的心。充,怀有。公己公人,对自己和他人都公平公正。

②任:持有,怀有。

③仇雠(chóu):仇敌,仇人。

【译文】

胸中怀有一颗对己对人都公正的心,即便是仇敌也会亲如一家;胸中怀有一颗自私自利的心,即便是父子也会变成仇敌。

【源流】

明吕坤《呻吟语》卷一:"充一个公己公人心,便是胡越一家;任一个自私自利心,便是父子仇雠。"

理以心为用①,心死于欲则理灭②,如根株斩而木亦坏也③;心以理为本,理被欲害则心亡,如水泉竭而河亦干也。

【注释】

①理:此处指天理。用:此处指体现,呈现。

②心死于欲:即人心被欲望蒙蔽。灭:泯灭。

③根株:植物的根系。坏:此处指植物枯亡。

【译文】

天理通过人心来呈现,人心一旦为欲望所蒙蔽,那么天理亦随之泯灭,就像树木的根被斩断而枝干亦随之枯亡。人心以天理为根本,一旦天理被欲望侵害,那么人心也就消亡了,就像泉水枯竭而河流亦随之干涸。

　　鱼与水相合,不可离也,离水则鱼槁矣①。形与气相合,不可离也,离气则形坏矣。心与理相合,不可离也,离理则心死矣②。

【注释】

①槁(gǎo):干枯。《战国策·秦策》:"形容枯槁,面目犁黑,状有归色。"

②"形与气相合"六句:秉承的是宋朱熹的"理气关系",《晦庵集》卷五十八《答黄道夫》:"天地之间,有理有气。理也者,形而上之道也,生物之本也;气也者,形而下之器也,生物之具也,是以人物之生必禀此理然后有性,必禀此气然后有形。"

【译文】

　　鱼与水是合在一起的,不可彼此分离,离开水鱼就会干枯死去。身体与元气是合在一起的,不可彼此分离,离开元气身体就会朽坏死亡。人心与天理是合在一起的,不可彼此分离,离开天理人心就会死去。

　　天理是清虚之物,清虚则灵,灵则活;人欲是渣滓之物,渣滓则蠢,蠢则死①。

【注释】

①"天理是清虚之物"六句:秉承的是宋代朱熹的"存天理,灭人欲"思想。《朱子语类》:"圣人千言万语,只是教人明天理,灭人欲。"渣滓(zǐ),此处指肮脏污秽。

【译文】

天理是清明虚空的事物,因为清明虚空人便有了灵性,有了灵性便走向新生;人欲是肮脏污秽的事物,因为肮脏污秽人就变得愚蠢,愚蠢便会导致死亡。

毋以嗜欲杀身①,毋以货财杀子孙,毋以政事杀百姓,毋以学术杀天下后世。

【注释】

①杀身:伤害自己。

【译文】

不要因不良嗜好欲望而伤害了自己,不要因财货金钱而伤害了子孙,不要以国家政事的名义来伤害百姓,不要以学术的名义来贻害后人。

【源流】

宋费衮《梁溪漫志》卷第九"刘高尚事":"高尚尝言曰:'世之人以嗜欲杀身,以货财杀子孙,以政事杀人,以学问文章杀天下后世。'"

明郭良翰《问奇类林》卷九:"崔清献座右铭曰:'无以嗜欲杀身,无以货财杀子孙,无以政事杀民,无以学术杀天下。'凝阳道人偈其一曰:'毋执去来之势而为权,毋固得丧之位而为宠,毋恋聚散之缘而为亲,毋认离合之身而为我。'"按,《格言联璧》此句当本于宋代崔与之化用刘高尚之语。

毋执去来之势而为权①,毋固得丧之位而为宠②,毋恃聚散之财而为利③,毋认离合之形而为我④。

【注释】

①毋执去来之势而为权:不要拿那些去留不定的势力来谋求权力。

去来之势,去留不定的势力。

②毋固得丧之位而为宠：不要努力稳固那些得失不定的官位来求取
尊荣。得丧之位，得失不定的官位。宠，尊荣。

③毋恃（shì）聚散之财而为利：不要倚仗那些聚散不定的财富来追
求利益。恃，倚仗。聚散之财，聚散不定的财富。

④毋认离合之形而为我：不要将存灭不定的肉身当成真正的自我。
离合之形，即存灭不定的肉体。我，真正的自我，即包含天理良知
与善心本性的我。

【译文】

不要拿那些去留不定的势力来谋求权力，不要努力稳固那些得失不
定的官位来求取尊荣，不要倚仗那些聚散不定的财富来追逐利益，不要
误将存灭不定的肉体当成真正的自我。

【源流】

明郭良翰《问奇类林》卷九："崔清献座右铭曰：'无以嗜欲杀身，无
以货财杀子孙，无以政事杀民，无以学术杀天下。'凝阳道人偈其一曰：
'毋执去来之势而为权，毋固得丧之位而为宠，毋恋聚散之缘而为亲，毋
认离合之身而为我。'"按，刘公尧，号凝阳道人，《格言联璧》此句当本于
明代刘公尧之语。

　　贪了世味的滋益①，必招性分的损②；讨了人事的便宜，
必吃天道的亏。

【注释】

①世味的滋益：世俗的好处。世味，世俗。滋益，滋养补益。此处指
好处。

②必招性分的损：必定招致本性上的损害。性分，天性，本性。

【译文】

贪恋世俗上的好处，必定招致本性上的损害；占了人事上的便宜，必

定要吃天道上的大亏。

精工言语①，于行事毫不相干；照管皮毛②，与性灵有何关涉③！

【注释】

①精工言语：花言巧语，巧妙动听的言语。

②照管皮毛：此处指做表面文章。

③性灵：精神。此处指修养身心。

【译文】

花言巧语，与踏踏实实做事毫不相干；做表面文章，与修身养性又有什么关系！

荆棘满野，而望收嘉禾者愚①；私念满胸②，而欲求福应者悖③。

【注释】

①收嘉禾：收获丰厚。嘉禾，长势良好的庄稼。

②私念满胸：心中充满了私欲。私念，私欲。

③悖（bèi）：此处指糊涂，与上文"愚"相对。

【译文】

田野里长满了荆棘杂草，却盼望着收获丰厚，这样的人是极其愚蠢的；心中充满了私欲，却祈求福祉降临，这样的人是非常糊涂的。

庄敬非但日强也①，凝心静气②，觉分阴寸晷③，倍自舒长④；安肆非但日偷也⑤，意纵神驰，虽累月经年，亦形迅驶。

自家过恶自家省⑥，待祸败时，省已迟矣；自家病痛自家医，待死亡时，医已晚矣。

【注释】

①庄敬：庄重恭敬。非但：不仅。日强：此处指使人身体日渐强壮。

②凝心静气：使人心平气和。

③分阴寸晷（guǐ）：一分一秒，形容时间极其短暂。寸晷，光阴，时间。晋潘尼《赠陆机出为吴王郎中令》："寸晷惟宝，岂无玙璠。"

④舒长：舒缓悠长。

⑤安肆（sì）：享乐放纵。日偷：此处指使人身体日渐衰弱。《礼记·表记》："君子庄敬日强，安肆日偷。"汉郑玄注："肆，犹放恣也。偷，苟且也。"

⑥过恶：过错。

【译文】

庄重恭敬不仅会使人日渐强壮，心气平和，纵然一分一秒，也会让人倍感舒缓悠长；安乐放纵不仅会使人日渐衰落，精神涣散，纵然连年累月，仍会让人觉得时光飞逝。自己的过错要靠自己来反省，等到败亡时，再反省就太迟了；自己的病痛要靠自己来医治，等到死亡时，再医治就太晚了。

多事为读书第一病，多欲为养生第一病，多言为涉世第一病①，多智为立心第一病②，多费为持家第一病③。

【注释】

①涉世：处世。

②立心：树立准则。此处指修养身心。宋张载《张子语录》中："为天地立心，为生民立命，为往圣继绝学，为万世开太平。"

③多费：花费多，开销大。

【译文】

杂事太多是读书的最大毛病，欲望太多是养生的最大毛病，说话太多是处世的最大毛病，心智太多是立心的最大毛病，花费太多是持家的最大毛病。

今之用人，只怕无去处①，不知其病根在来处②；今之理财，只怕无来处③，不知其病根在去处④。

【注释】

①只怕无去处：只担心无法安排人的去处。去处，此处指安排去处，安排职务。

②来处：此处指用人制度的根本，即人的培养方面。

③来处：此处指钱财的来源。

④去处：此处指钱财的花费。

【译文】

当今用人，只担心无法安排人的去处，却不知道问题出在人的培养上；当今理财，只担心没有钱财的来源，却不知道问题出在了钱财的花费上。

【源流】

明吕坤《呻吟语》卷五："今之用人，只怕无去处，不知其病根在来处；今之理财，只怕无来处，不知其病根在去处。"

贫不足羞，可羞是贫而无志。贱不足恶①，可恶是贱而无能。老不足叹，可叹是老而无成。死不足悲，可悲是死而无补②。

【注释】

①恶（wù）：此处指令人厌恶。

②无补：没有任何意义。

【译文】

贫穷并不可耻，可耻的是贫穷却没有志向。低贱并不可恶，可恶的是低贱而没有才能。年老并不可叹，可叹的是年老而没有成就。死亡并不可悲，可悲的是死得没有任何意义。

【源流】

明吕坤《呻吟语》卷二："贫不足羞，可羞是贫而无志。贱不足恶，可恶是贱而无能。老不足叹，可叹是老而虚生。死不足悲，可悲是死而无闻。"

事到全美处①，怨我者难开指摘之端；行到至污处②，爱我者莫施掩护之法。

【注释】

①事到全美处：事情做到尽善尽美的境界。全美，尽善尽美。处，境界，地步。

②行到至污处：品行到了污秽不堪的地步。行，行为举止。《论语·公冶长》："听其言而观其行。"污，污秽。此处指行为卑劣。

【译文】

事情做到尽善尽美的境界，即便怨恨我的人也难以找到指责我的借口；行为到了污秽不堪的地步，即便关爱我的人也无法施展掩护我的办法。

【源流】

清李铠《读书杂述》卷二："事到至美处，则举世是之，虽仇我者亦必输心以为是，不敢出一语相讥，何也？天下有公是故也！行到至污处，则举世非之，虽厚我者亦必交口以为非，不能出一词为解，何也？天下有公非故也。"

衣垢不涗^①,器缺不补^②,对人犹有惭色^③;行垢不涗,德缺不补,对天岂无愧心。

【注释】

①衣垢(gòu)不涗(jiān):衣服脏了却不洗。垢,污垢。此处指衣服脏。涗,洗。

②缺:破损。

③惭色:惭愧的神色。

【译文】

衣服脏了却不清洗,器具破损了却不修补,面对他人尚且有惭愧的神色;行为有污秽却不去"清洗",道德有破损却不去"修补",面对苍天难道心中就不感到惭愧吗?

【源流】

明高濂《遵生八笺》卷一:"衣垢不涗,器缺不补,对人犹有惭色;行垢不涗,德缺不补,对天岂无愧心。"

供人欣赏^①,侪风月于烟花^②,是曰亵天^③;逞我机锋^④,借诗书以戏谑^⑤,是名侮圣^⑥。

【注释】

①供人欣赏:此处指向人显示和炫耀才情。

②侪(chái):同辈。此处指相伴,与之为伍。

③亵(xiè)天:亵渎上天,即对上天的冒犯。亵,轻慢,冒犯。

④机锋:形容话语机智犀利。

⑤戏谑(xuè):调侃,开玩笑。

⑥侮圣:侮辱圣贤。

【译文】

为了向人显示风流才情,便沉醉花街柳巷与风尘女子为伴,这是亵渎上天；为了向人显示话语的机智犀利，就借用诗书经典的话与人调侃，这是侮辱圣贤。

罪莫大于亵天，恶莫大于无耻，过莫大于多言。

【译文】

最大的罪过就是对上天冒犯，最大的罪恶就是没有羞耻，最大的过错就是多言多语。

【源流】

明刘宗周《学言》："罪莫大于亵天，恶莫大于无耻，过莫大于多言。"

言语之恶，莫大于造诬①。行事之恶，莫大于苛刻。心术之恶，莫大于深险②。

【注释】

①造诬：造谣诬陷。

②深险：深不可测，阴险毒辣。

【译文】

最恶毒的语言，莫过于造谣诬陷。最恶劣的行为，莫过于严厉刻薄。最险恶的心思，莫过于深不可测、阴险毒辣。

【源流】

明吕坤《呻吟语》卷二："言语之恶，莫大于造诬。行事之恶，莫大于苛刻。心术之恶，莫大于深险。"

谈人之善，泽于膏沐①；暴人之恶，痛于戈矛。

【注释】

①泽：恩泽。此处指带给人的好处。膏沐：洗发沐浴使用的膏脂。
　此处指沐浴。《诗经·卫风·伯兮》：“岂无膏沐？谁适为容。”

【译文】

谈论别人的美善，给人带来的恩惠就如同沐浴般舒服；揭露别人的丑恶，给人带来的痛楚要比戈矛刺伤还疼。

【源流】

汉刘向《说苑》卷十六：“言人之善，泽于膏沐；言人之恶，痛于矛戟。”

当厄之施①，甘于时雨②；伤心之语，毒于阴冰③。

【注释】

①厄（è）：困厄，困境。施：施予恩惠。此处指帮助。

②甘：甘润，甘甜。时雨：及时雨。

③阴冰：寒冰。

【译文】

困境中的帮助，就像及时雨般甘润；伤透人心的话语，比寒冰还要让人心凉。

阴岩积雨之险奇①，可以想为文境②，不可设为心境；华林映日之绮丽③，可以假为文情④，不可依为世情⑤。

【注释】

①阴：阴暗，不见天日。岩：险要。积雨：积云兴雨。

②文境：文章意境。

③华林：茂密秀美的山林。映日：映照着阳光。绮丽：美丽。

④文情：文章情采。

⑤世情：世道人情。

【译文】

山中不见天日能积云兴雨的险奇之处，可以设想为文章意境，但不可设想为人的心境；阳光普照山林的美丽景致，可以假设为文章情彩，不可以当作世道人情。

巢父洗耳以鸣高①，予以为耳其窦也②，其言已入于心矣，当剖心而浣之③；陈仲出哇以示洁④，予以为哇其滓也⑤，其味已入于肠矣，当刲肠而涤之⑥。

【注释】

①巢父洗耳以鸣高：巢父用洗耳朵来彰显自己的清高。巢父洗耳，当为"许由洗耳"，许由、巢父皆为上古隐士，帝尧想让天下给许由，许由认为这话污染了他，便跑去河边洗耳朵，而巢父更认为许由洗过耳朵的河水都被污染了，甚至不让他的小牛犊喝这河水。此处指为人清高，反感世间的功名利禄。鸣，表明，彰显。高，清高。

②窦（dòu）：孔，洞。

③浣（huàn）：清洗。

④陈仲出哇以示洁：陈仲用出门吐鹅肉来表示自己的高洁。陈仲出哇，《孟子·滕文公下》："仲子，齐之世家也。兄戴，盖禄万钟。以兄之禄为不义之禄而不食也，以兄之室为不义之室而不居也，辟兄离母，处于于陵。他日归，则有馈其兄生鹅者，己频顣曰：'恶用是鶃鶃者为哉？'他日，其母杀是鹅也，与之食之。其兄自外至，曰：'是鶃鶃之肉也。'出而哇之。"陈仲，战国齐人，以高洁自律闻名，误食别人送给他兄长的鹅，因而出门将鹅肉吐出。哇，吐。洁，高洁。

⑤滓（zǐ）：残渣。

⑥刲（kuī）：割取。

【译文】

巢父用洗耳朵来彰显他的清高，我以为耳朵不过是个孔洞，请他做帝王的话已经进入了他的心里，应当把心剖开好好洗洗；陈仲用出门吐鹅肉来表示他的高洁，我以为吐出来的不过是残渣，那鹅肉的滋味已经进入了他的肠胃，应当把肠子割下来好好洗洗。

　　诋缁黄之背本宗①，或衿带坏圣贤名教②；詈青紫之忘故友③，乃衡茅伤骨肉天伦④。

【注释】

①诋（dǐ）：诋毁，毁谤。缁（zī）黄：指僧人和道士，僧人穿缁服，道士戴黄冠。缁，黑色。

②衿（jīn）带：古时士人或官员服饰中的衣带。此处指为官之人。

③詈（lì）：骂。青紫：古代高官印绶、服饰的颜色。此处指高官。

④衡茅：即茅草屋，指简陋的房屋。

【译文】

诋毁僧人和道士离经叛道的人，或许就是那些身居朝堂却损害圣贤礼法的伪君子；大骂高官不念故友的人，往往就是那些蜗居茅屋却干着伤害骨肉亲情的真小人。

　　炎凉之态①，富贵甚于贫贱；嫉妒之心，骨肉甚于外人。

【注释】

①炎凉：即世态炎凉，指对得势者百般逢迎，对失势者过于冷落。宋文天祥《杜架阁》："世态炎凉甚，交情贵贱分。"

【译文】

世态炎凉,在富贵之人身上体现得比穷人更为明显;嫉妒之心,在骨肉亲人中体现得要比外人更为严重。

【源流】

明洪应明《菜根谭》:"炎凉之态,富贵更甚于贫贱;妒忌之心,骨肉尤狠于外人。"

　　兄弟争财,父遗不尽不止①;妻妾争宠,夫命不死不休。受连城而代死②,贪者不为,然死利者何须连城③? 携倾国以待殂④,淫者不敢,然死色者何须倾国⑤?

【注释】

①父遗:此处指长辈的遗产。

②受连城而代死:接受价值连城的财富而代替别人去死。连城,价值连城的财富。代死,代替别人去死。

③死利者:为利益而死的人。

④携倾国以待殂(cú):带着倾国倾城的美女去等死。倾国,倾国倾城的美女。待殂,等死。殂,死。

⑤死色者:为美色而死的人。

【译文】

兄弟之间争夺财产,长辈的遗产不分干净就不会停止;妻妾之间争夺恩宠,丈夫不死就不会罢休。接受价值连城的宝物而代替别人去死,就连最贪婪的人也不会去做,然而那些为利益而死的人,他们所得到的哪算得上价值连城呢? 带着倾国倾城的美女去等死,就连最好色的人也不敢,然而那些为美色而死的人,他们所贪图的美色哪算得上倾国倾城呢?

【源流】

清陈弘谋《五种遗规》之"史揖臣《愿体集》":"兄弟争财,其父遗不尽不止；妻妾争宠，其夫命不死不休。"按，《格言联璧》"兄弟争财"句当本于清代史典编撰之文句。

病危乌获[①]，虽童子制梃可挞[②]；臭腐王嫱[③]，惟狐狸钻穴相窥[④]。

【注释】

①乌获：相传为古代大力士。《孟子·告子下》："今日举百钧，则为有力人矣。然则举乌获之任，是亦为乌获而已矣。"汉赵岐注："乌获，古之有力人也，能移举千钧。"

②虽童子制梃（tǐng）可挞（tà）：即便小孩子也可以拿着棍子去打他。制，拿。梃，棍棒。挞，用鞭子、棍棒击打。

③王嫱（qiáng）：即汉代的王昭君，中国古代四大美女之一。《汉书·元帝纪》："竟宁元年……赐单于待诏掖庭王嫱为阏氏。"汉应劭注："郡国献女未御见，须命于掖庭，故曰'待诏'。王嫱，王氏女，名嫱，字昭君。"

④窥（kuī）：从小孔、缝隙中看。

【译文】

病重的大力士乌获，即便是小孩子也能拿棍子打他；死后身体腐臭的美女王嫱，也只有狐狸才会钻进墓穴去看她吧。

圣人悲时悯俗，贤人痛世疾俗，众人混世逐俗，小人败常乱俗。

【译文】

圣人因时俗崩颓而心生悲悯，贤人因世道衰微而痛心疾首，普通人只能在混乱的社会中随波逐流，奸邪小人却能败坏伦常扰乱社会。

【源流】

明吕坤《呻吟语》卷四："圣人悲时悯俗，贤人痛世疾俗，众人混世逐俗，小人败常乱俗。呜呼！小人坏之，众人从之，虽悯虽疾，竟无益矣，故明王在上则移风易俗。"

读书为身上之用①，而人以为纸上之用②；做官乃造福之地，而人以为享福之地。壮年正勤学之日，而人以为养安之日③；科第本消退之根④，而人以为长进之根。

【注释】

①身上之用：此处指修身养性。

②纸上之用：此处指通过写文章以求考取功名。

③养安：养体安生，安闲享乐。

④科第：科举及第。

【译文】

读书是为了修身养性，而常人却认为是为了考取功名；做官是为了造福百姓，而常人却认为是为了自己享福。壮年正是勤奋学习的时候，而常人却认为是安闲享乐的时候；科举及第本应是保身谦退的契机，而常人却认为是努力上进的契机。

【源流】

清唐鉴《学案小识》卷六"安丘刘先生"条："（先生）又曰：'读书为身上之用，而人以为纸上之用；做官乃辛苦之时，而人以为快乐之时。衰年正勤学之日，而人以为养安之日；科第本消退之根，而人以为长进之根。'"按，安丘刘先生即刘源渌，《格言联璧》此句当本于清代刘源渌之语。

盛者衰之始，福者祸之基。福莫大于无祸，祸莫大于邀福^①。

【注释】

①邀：求取。

【译文】

兴盛是衰败的开始，福气是灾祸的根源。最大的福气就是没有灾祸，最大的灾祸就是刻意求福。

【源流】

明雷礼《国朝列卿纪》卷二十七"王华"条："（王华）戚然曰：'……，父子复相见于一堂，人皆以为荣，吾谓非荣乎？然盛者衰之始，福者祸之基，虽以为荣，复以为惧也。'"按，《格言联璧》"盛者衰之始"句当本于明代王华之语。

明吕坤《呻吟语》卷六："福莫大于无祸，祸莫大于求福。"